Norbert Blome /
Julia Kohler (Hrsg.)

Urlaub –
von Gottes Wort begleitet

Norbert Blome / Julia Kohler (Hrsg.)

Urlaub –
von Gottes Wort begleitet

Texte und Impulse
Lesejahr B

Verlag Butzon & Bercker Kevelaer

Die Bibelstellen wurden entnommen aus:
Einheitsübersetzung der Heiligen Schrift.
© 1980 Katholische Bibelanstalt, Stuttgart.

Die Deutsche Bibliothek – CIP-Einheitsaufnahme

Urlaub – von Gottes Wort begleitet : Texte und
Impulse ; Lesejahr B / Norbert Blome ; Julia Kohler
(Hrsg.). – Kevelaer : Butzon und Bercker, 2000
   ISBN 3-7666-0269-1

ISBN 3-7666-0269-1

Umschlaggestaltung: Elisabeth von der Heiden, Geldern
Satz: prima nota GmbH, Korbach
Druck und Bindung: WILCO, Amersfoort (NL)

Inhalt

Reisen: Suche nach Glücksmomenten?

Die Sehnsucht nach Erholung und Neuwerden treibt uns in den Urlaub. Wir erleben, daß wir neu geschaffen werden, indem wir uns ganz fallen und auffangen lassen. Im Freiraum der Freizeit können wir neue Seiten unserer Kreativität entdecken. Wenn wir Orte der Kraft finden, können wir Erholung erleben: zum Beispiel die Weite des Meeres oder die Höhe der Berggipfel – und wir können darin aufgehen, können Spuren im Sand hinterlassen oder im Schnee, Familie oder Partnerschaft erleben, Gemeinschaft mit Freunden, mit der Clique vertiefen.

Wer heute in seiner Freizeit reist, sucht nach „Tapetenwechsel", möchte vom Alltag abschalten oder die Arbeit einmal vergessen können. Der Reiz des Ortswechsels ist die Chance bzw. die Freiheit, das tägliche Einerlei hinter sich zu lassen und jeden Tag neu in seiner Einzigartigkeit bewußt zu gestalten und zu begreifen, daß er genau so nie wieder kommen wird. Jeder Augenblick ist unverwechselbar. Wir dürfen ihn manchmal sogar als Glücksmoment erfahren, der vielleicht durch die Erinnerung in den Alltag hinein reichen wird.

Aber: „Das Glück ist ein Windhauch" (Koh 2,1). Das ist schon eine alttestamentliche Weisheit. Wir erleben diesen „Windhauch" als ungreifbar und möchten uns solche Momente in den Alltag hinüberretten. Denn dort sind die Erwartungen an das Glück oft viel niedriger und können sich auf ein Glas Bier am Feierabend oder das Zappen am Fernseher beschränken.

Wohin auch immer es uns zieht, die Schwelle ins Paradies ist nur schwer zu nehmen. Kaum fassen wir sie, entgleitet sie uns auch schon. Der Wunsch, alles hinter sich zu lassen und Neuland zu entdecken, läßt uns zu neuen Ufern aufbrechen. Damit wir dort nicht verloren stranden, sondern auch ankommen, sollten wir wissen, welche Erwartungen wir an unsere Urlaubsreise haben, ganz gleich wo sie uns für wie lange hinführt und wie weit der Weg ist, den wir zurücklegen.

Treten wir heraus aus unseren „Höhlen", wie Elija es tat, und hören wir auf den Sturm, die Stille, den Windhauch. Treten wir vor unser „Zelt" wie Abraham und schauen zum „Himmelszelt" über uns: So zahlreich die Sterne sind, so zahlreich wird die Vielfalt der nicht alltäglichen Erfahrungen sein, die für uns bereitet sind, wenn wir aufbrechen. Im Erlebnis der Freizeit als ein „Spurwechsel" vom Sprechen zum Angesprochenwerden, vom Sehen zum Sichanschauenlassen, sind wir als Geschöpfe herausgerufen, uns neu einzuüben, auf die Sprache der Dinge zu hören: „Das Licht redet nicht, es leuchtet".

Die Suche nach dem Paradies kann nicht auf unsere Horizonte beschränkt bleiben. Wenn wir mit der Offenheit von Entdeckern aufbrechen, können wir überrascht werden:

Was wir erahnen, möglicherweise ertasten oder wenigstens erhaschen, liegt immer hinter dem Horizont dessen, was wir dingfest machen können. Es lockt uns, auf der Suche nach dem „Mehr" nicht aufzugeben.

Unsere Suche nach Erfüllung und Zufriedenheit als Variationen des Glücks verweisen immer auf eine noch verborgene Zukunft, die den Horizont unserer Erfahrungen und offenen Sehnsüchte überschreitet, unserer Sehnsüchte nach dem Einssein mit Menschen und der Natur, nach einer je größeren Harmonie überhaupt.

Julia Kohler

Norbert Blome

Geglücktes Leben braucht einen Beistand

Pfingstsonntag

Das Pfingstfest lädt uns ein, dankbar zu feiern, daß wir nicht orientierungslos durch dieses Leben gehen. Der „Beistand", von dem Jesus gesprochen hat, bietet sich uns als Wegbegleiter an; er sagt uns, welche Richtung wir einschlagen sollten, wenn wir das Ziel erreichen wollen, für das wir bestimmt sind: das wahre Glück, die vollkommene Freude.

❐ Erste Lesung: Apg 2, 1–11

Als der Pfingsttag gekommen war, befanden sich alle am gleichen Ort. Da kam plötzlich vom Himmel her ein Brausen, wie wenn ein heftiger Sturm daherfährt, und erfüllte das ganze Haus, in dem sie waren. Und es erschienen ihnen Zungen wie von Feuer, die sich verteilten; auf jeden von ihnen ließ sich eine nieder. Alle wurden mit dem Heiligen Geist erfüllt und begannen, in fremden Sprachen zu reden, wie es der Geist ihnen eingab.
In Jerusalem aber wohnten Juden, fromme Männer aus allen Völkern unter dem Himmel. Als sich das Getöse erhob, strömte die Menge zusammen und war ganz bestürzt; denn jeder hörte sie in seiner Sprache reden. Sie gerieten außer sich vor Staunen und sagten: Sind das nicht alles Galiläer, die hier reden? Wieso kann sie jeder von uns in seiner Muttersprache hören: Parther, Meder und Elamíter, Bewohner von Mesopotámien, Judäa und Kappadózien, von Pontus und der Provinz Asien, von Phrygien und Pamphylien, von Ägypten und dem Gebiet Líbyens nach Zyréne hin, auch die Römer,

die sich hier aufhalten, Juden und Proselyten, Kreter und Araber, wir hören sie in unseren Sprachen Gottes große Taten verkünden.

❏ Zweite Lesung: Gal 5,16–25

Brüder und Schwestern!
Laßt euch vom Geist leiten, dann werdet ihr das Begehren des Fleisches nicht erfüllen. Denn das Begehren des Fleisches richtet sich gegen den Geist, das Begehren des Geistes aber gegen das Fleisch; beide stehen sich als Feinde gegenüber, so daß ihr nicht imstande seid, das zu tun, was ihr wollt. Wenn ihr euch aber vom Geist führen laßt, dann steht ihr nicht unter dem Gesetz.
Die Werke des Fleisches sind deutlich erkennbar: Unzucht, Unsittlichkeit, ausschweifendes Leben, Götzendienst, Zauberei, Feindschaften, Streit, Eifersucht, Jähzorn, Eigennutz, Spaltungen, Parteiungen, Neid und Mißgunst, Trink- und Eßgelage und ähnliches mehr. Ich wiederhole, was ich euch schon früher gesagt habe: Wer so etwas tut, wird das Reich Gottes nicht erben.
Die Frucht des Geistes aber ist Liebe, Freude, Friede, Langmut, Freundlichkeit, Güte, Treue, Sanftmut und Selbstbeherrschung; dem allem widerspricht das Gesetz nicht. Alle, die zu Christus Jesus gehören, haben das Fleisch und damit ihre Leidenschaften und Begierden gekreuzigt. Wenn wir aus dem Geist leben, dann wollen wir dem Geist auch folgen.

❏ Evangelium: Joh 20,19–23

Am Abend des ersten Tages der Woche, als die Jünger aus Furcht vor den Juden die Türen verschlossen hatten, kam Jesus, trat in ihre Mitte und sagte zu ihnen: Friede sei mit euch! Nach diesen Worten zeigte er ihnen seine

Hände und seine Seite. Da freuten sich die Jünger, daß sie den Herrn sahen. Jesus sagte noch einmal zu ihnen: Friede sei mit euch! Wie mich der Vater gesandt hat, so sende ich euch. Nachdem er das gesagt hatte, hauchte er sie an und sprach zu ihnen: Empfangt den Heiligen Geist! Wem ihr die Sünden vergebt, dem sind sie vergeben; wem ihr die Vergebung verweigert, dem ist sie verweigert.

❒ Impuls zum Evangelium

Der Mensch ist nicht einfach ein Wesen, das lebt, sondern eines, das sein Leben *führt*. Wer führen möchte, braucht Orientierung. Dies gilt auch für unsere Lebensführung. Deshalb gilt es, Abschied zu nehmen von der Vorstellung, bei unserer Lebensführung seien wir ausschließlich von unseren Kindheits- und Lebenserfahrungen bestimmt; auch die Entschuldigung, in unserem Versagen seien wir nur Opfer dieser Erfahrungen, greift zu kurz.

Als Menschen sind wir mit der Freiheit beschenkt, unserem Leben eine Richtung zu geben. Dabei ist das Ziel nicht beliebig.

Es gilt, zurückzufinden zu unseren tiefen Sehnsüchten nach einem Leben im Einklang mit der Schöpfung, den Mitmenschen und Gott, zurückzufinden zu unserer ureigenen Kreativität, die uns befähigt, als Partner (Ebenbilder) Gottes schöpferisch mitzuwirken an der Erschaffung einer Welt der Liebe, der Gerechtigkeit und des Friedens.

Dies ist das Zeugnis, zu dem wir berufen sind, und zu diesem Zeugnis befähigt uns jener Beistand, den Jesus uns zugesagt hat.

❐ Fürbitten

Vorbeter: Wir beten um den Geist der Liebe.
Liebe, das heißt, daß wir Gott lieben aus ganzem Herzen und mit allen unseren Kräften.

Alle: Komm, Heiliger Geist, entzünde in uns das Feuer deiner Liebe.

V: Liebe, das heißt, daß wir auch einander lieben, so wie Jesus uns geliebt hat.

A: Komm, Heiliger Geist, entzünde in uns das Feuer deiner Liebe.

V: Liebe, das heißt auch, daß wir eins bleiben in der Gemeinde Jesu, in der Kirche, die auf der ganzen Erde lebt.

A: Komm, Heiliger Geist, entzünde in uns das Feuer deiner Liebe.

Gotteslob Nr. 778,7: © Don Bosco Verlag, München.

❐ Meditation zur Kommunion

Der Geist des Herrn erfüllt das All
mit Sturm und Feuersgluten;
er krönt mit Jubel Berg und Tal,
er läßt die Wasser fluten.
Ganz überströmt von Glanz und Licht
erhebt die Schöpfung ihr Gesicht,
frohlockend: Halleluja.

Der Geist des Herrn erweckt den Geist
in Sehern und Propheten,
der das Erbarmen Gottes weist
und Heil in tiefsten Nöten.
Seht, aus der Nacht Verheißung blüht;

die Hoffnung hebt sich wie ein Lied
und jubelt: Halleluja.

Gotteslob Nr. 249,1+2: T.: Maria Luise Thurmair.
© Christophorus-Verlag, Freiburg i. Br.

Norbert Blome

Hineingenommen in Gottes Leben

Dreifaltigkeitssonntag

Was versuchen Menschen mit dem Wort Gott zu benennen? Sie wissen, daß Gott für den Menschen ein Geheimnis ist und bleibt, aber sich immer wieder neu bemüht, uns nahezukommen, sich uns zu offenbaren. Jeder Gottesdienst ist seine Einladung an uns, ihm näherzukommen und vor ihm uns selbst neu zu erkennen.

☐ Erste Lesung: Dtn 4,32–34.39f

Mose sprach zum Volk; er sagte: Forsche einmal in früheren Zeiten nach, die vor dir gewesen sind, seit dem Tag, als Gott den Menschen auf der Erde schuf; forsche nach vom einen Ende des Himmels bis zum andern Ende: Hat sich je etwas so Großes ereignet wie dieses, und hat man je solche Worte gehört? Hat je ein Volk einen Gott mitten aus dem Feuer im Donner sprechen hören, wie du ihn gehört hast, und ist am Leben geblieben? Oder hat je ein Gott es ebenso versucht, zu einer Nation zu kommen und sie mitten aus einer anderen herauszuholen unter Prüfungen, unter Zeichen, Wundern und Krieg, mit starker Hand und hoch erhobenem Arm und unter großen Schrecken, wie es der Herr, euer Gott, in Ägypten mit euch getan hat, vor deinen Augen? Heute sollst du erkennen und dir zu Herzen nehmen: Jahwe ist der Gott im Himmel droben und auf der Erde unten, keiner sonst. Daher sollst du auf seine Gesetze und seine Gebote, auf die ich dich heute verpflichte, achten, damit es dir und später deinen Nachkommen gut geht und du lange lebst in dem Land, das der Herr, dein Gott, dir gibt für alle Zeit.

❏ Zweite Lesung: Röm 8,14–17

Brüder und Schwestern!
Alle, die sich vom Geist Gottes leiten lassen, sind Söhne und Töchter Gottes. Denn ihr habt nicht einen Geist empfangen, der euch zu Sklaven macht, so daß ihr euch immer noch fürchten müßtet, sondern ihr habt den Geist empfangen, der euch zu Söhnen und Töchtern macht, den Geist, in dem wir rufen: Abba, Vater! So bezeugt der Geist selber unserem Geist, daß wir Kinder Gottes sind. Sind wir aber Kinder, dann auch Erben; wir sind Erben Gottes und sind Miterben Christi, wenn wir mit ihm leiden, um mit ihm auch verherrlicht zu werden.

❏ Evangelium: Mt 28,16–20

In jener Zeit gingen die elf Jünger nach Galiläa auf den Berg, den Jesus ihnen genannt hatte. Und als sie Jesus sahen, fielen sie vor ihm nieder. Einige aber hatten Zweifel. Da trat Jesus auf sie zu und sagte zu ihnen: Mir ist alle Macht gegeben im Himmel und auf der Erde. Darum geht zu allen Völkern, und macht alle Menschen zu meinen Jüngern; tauft sie auf den Namen des Vaters und des Sohnes und des Heiligen Geistes, und lehrt sie, alles zu befolgen, was ich euch geboten habe. Seid gewiß: Ich bin bei euch alle Tage bis zum Ende der Welt.

❏ Impuls zum Evangelium

Auf die Frage, ob es einen Gott gibt, antwortet die Bibel nicht mit Ja oder Nein. Sie erzählt vielmehr von Erfahrungen, die Menschen mit Gott gemacht haben, und davon, wie Menschen ihr Leben von Gott her deuten.
Da ist zunächst die Ahnung, daß wir letztlich in ihm unseren Ursprung haben; nicht nur als Geschöpfe, son-

dern besonders auch mit allem, was in uns angelegt ist und unter unserer Mitwirkung zur Entfaltung kommen kann. Als diesen Ursprung nennen wir Gott unseren Vater.

Als Christen glauben wir, daß Gott in Jesus Mensch geworden ist. In Jesus Christus ist uns das wahre Menschsein aufgeschienen. Er lehrt uns, wirklich Menschen zu werden, denn darum geht es, und dazu haben wir von ihm die Zusage, daß er uns einen Beistand sendet, den Heiligen Geist.

Dieser Geist ist vielleicht als jene Unruhe zu verstehen, die uns als sensible Menschen spüren läßt, daß in unserem Leben noch nicht alle Antworten gegeben sind, daß wir auch nicht zufrieden sein können damit, wie wir diese Welt vorfinden und das Miteinander der Menschen erleben.

Im Bemühen um ein Leben nach Gottes Wort, nach der Botschaft Jesu Christi, verwirklichen wir unser wahres Menschsein und werden das, als was uns der Schöpfer einmal gedacht hat: sein Ebenbild.

❒ Fürbitten

Gott, du unser Ursprung und Ziel, in Jesus Christus erkennen wir deinen Weg zu den Menschen.

- Laß uns in allen Begegnungen miteinander deine liebende Gegenwart erfahren.

- Laß uns deine Schöpfung als Geschenk annehmen, das unserer Fürsorge anvertraut ist.

- Laß uns einander annehmen in der Vielfalt und Einmaligkeit, mit der du uns Menschen und alles um uns herum geschaffen hast.

In Jesus Christus sind wir einander Schwestern und Brüder; wir sind einander Begleiter. Dir – Vater, Sohn, Heiliger Geist – wollen wir uns gemeinsam anvertrauen, von nun an bis in Ewigkeit. Amen.

❒ Meditation zur Kommunion

Herr, du hast mich erforscht, und du kennst mich.
Ob ich sitze oder stehe, du weißt von mir.
Von fern erkennst du meine Gedanken.
Ob ich gehe oder ruhe, es ist dir bekannt;
du bist vertraut mit all meinen Wegen.

Psalm 139,1–3

Norbert Blome

Füreinander Brot sein

Fronleichnam

Fronleichnam sagt uns etwas über die tiefsten Sinnzu-
sammenhänge unseres Lebens, über unsere Ursprünge,
unsere Gottesbeziehung, unser Angewiesensein aufeinander und auch darüber, was zur Selbstverwirklichung
des Menschen gehört.

☐ Erste Lesung: Ex 24,3–8

In jenen Tagen kam Mose und übermittelte dem Volk
alle Worte und Rechtsvorschriften des Herrn. Das ganze Volk antwortete einstimmig und sagte: Alles, was der
Herr gesagt hat, wollen wir tun. Mose schrieb alle Worte des Herrn auf. Am nächsten Morgen stand er zeitig
auf und errichtete am Fuß des Berges einen Altar und
zwölf Steinmale für die zwölf Stämme Israels. Er schickte die jungen Männer Israels aus. Sie brachten Brandop-
fer dar und schlachteten junge Stiere als Heilsopfer für
den Herrn. Mose nahm die Hälfte des Blutes und goß es
in eine Schüssel, mit der anderen Hälfte besprengte er
den Altar. Darauf nahm er die Urkunde des Bundes und
verlas sie vor dem Volk. Sie antworteten: Alles, was der
Herr gesagt hat, wollen wir tun; wir wollen gehorchen.
Da nahm Mose das Blut, besprengte damit das Volk und
sagte: Das ist das Blut des Bundes, den der Herr aufgrund all dieser Worte mit euch geschlossen hat.

☐ Zweite Lesung: Hebr 9,11–15

Christus ist gekommen als Hoherpriester der künftigen
Güter; und durch das erhabenere und vollkommenere

Zelt, das nicht von Menschenhand gemacht, das heißt nicht von dieser Welt ist, ist er ein für allemal in das Heiligtum hineingegangen, nicht mit dem Blut von Bökken und jungen Stieren, sondern mit seinem eigenen Blut, und so hat er eine ewige Erlösung bewirkt. Denn wenn schon das Blut von Böcken und Stieren und die Asche einer Kuh die Unreinen, die damit besprengt werden, so heiligt, daß sie leiblich rein werden, wieviel mehr wird das Blut Christi, der sich selbst kraft ewigen Geistes Gott als makelloses Opfer dargebracht hat, unser Gewissen von toten Werken reinigen, damit wir dem lebendigen Gott dienen.

Und darum ist er der Mittler eines neuen Bundes; sein Tod hat die Erlösung von den im ersten Bund begangenen Übertretungen bewirkt, damit die Berufenen das verheißene ewige Erbe erhalten.

❒ Evangelium: Mk 14,12–16.22–26

Am ersten Tag des Festes der Ungesäuerten Brote, an dem man das Paschalamm schlachtete, sagten die Jünger zu Jesus: Wo sollen wir das Paschamahl für dich vorbereiten? Da schickte er zwei seiner Jünger voraus und sagte zu ihnen: Geht in die Stadt; dort wird euch ein Mann begegnen, der einen Wasserkrug trägt. Folgt ihm, bis er in ein Haus hineingeht; dann sagt zu dem Herrn des Hauses: Der Meister läßt dich fragen: Wo ist der Raum, in dem ich mit meinen Jüngern das Paschalamm essen kann? Und der Hausherr wird euch einen großen Raum im Obergeschoß zeigen, der schon für das Festmahl hergerichtet und mit Polstern ausgestattet ist. Dort bereitet alles für uns vor! Die Jünger machten sich auf den Weg und kamen in die Stadt. Sie fanden alles so, wie er es ihnen gesagt hatte, und bereiteten das Paschamahl vor.

21

Während des Mahls nahm Jesus das Brot und sprach den Lobpreis; dann brach er das Brot, reichte es ihnen und sagte: Nehmt, das ist mein Leib. Dann nahm er den Kelch, sprach das Dankgebet, reichte ihn den Jüngern, und sie tranken alle daraus. Und er sagte zu ihnen: Das ist mein Blut, das Blut des Bundes, das für viele vergossen wird. Amen, ich sage euch: Ich werde nicht mehr von der Frucht des Weinstocks trinken bis zu dem Tag, an dem ich von neuem davon trinke im Reich Gottes. Nach dem Lobgesang gingen sie zum Ölberg hinaus.

❐ Impuls zum Evangelium

Brot, Hinweis darauf, daß wir Menschen ohne Nahrung nicht leben können, Symbol auch dafür, daß wir vom Engagement und Zeugnis, von der Arbeit anderer Menschen und von ihrem Einsatz für Freiheit, Gerechtigkeit, Frieden und Versöhnung leben, ebenso wie vom Widerstand, den viele Menschen oft unter Einsatz ihres Lebens gegen Intoleranz und Egoismus, Unterdrückung und Ungerechtigkeit leisten.

Brot, und besonders das eucharistische Brot, erinnert uns Christen an Jesus und seine Botschaft: Wir Menschen sind Kinder eines Vaters, verdanken unser Dasein dem Schöpfer des Himmels und der Erde und sind auch aufeinander verwiesen und angewiesen. Die Bereitschaft eines Menschen, seine Fähigkeiten und Begabungen für andere einzusetzen, Verantwortung zu übernehmen, seine Fähigkeit zu leiden, seine Bereitschaft zur Vergebung und Versöhnung, zu Liebe und Zuwendung, dies alles ist für uns in besonderer Weise in Jesus Christus erfahrbar geworden. Er hat alles mit letzter Konsequenz gelebt, ist dafür gestorben und gab uns die Hoffnung, daß unser Wirken für andere über die Grenzen unseres Lebens hinausreicht und wir selbst die Grenzen dieses Lebens überwinden.

❒ Fürbitten

Herr Jesus Christus, im Brot der Eucharistie gibst du dich uns zur Speise. Wir bitten dich:

- Laß uns Menschen im Bewußtsein leben, daß wir aufeinander angewiesen sind, und dankbar sein für alles, was wir einander geben.
- Schenke allen Menschen, was sie zum Leben brauchen, Nahrung, Kleidung, Wohnung, Arbeit, Zuwendung und Anerkennung.

- Gib uns Offenheit und Dankbarkeit für die großen Gaben der Schöpfung, für Landschaften und Seen und für dein Wort.

Jesus Christus, du bist für uns Brot des Lebens und der Weg, die Wahrheit und das Leben. Begleite uns heute und alle Tage bis in Ewigkeit. Amen.

❒ Meditation zur Kommunion

Du bist das Licht, das nie verlöscht, die Flamme, die immer lodert. – Vom Glanz deines Lichtes beschienen, werde ich selber Licht, um anderen zu leuchten. Ich bin nur wie ein Glas, durch das du den anderen scheinst.

John Henry Newman

Norbert Blome

Zeit, zu uns selbst zu finden

9. Sonntag im Jahreskreis

Der Sonntag und das ganze arbeitsfreie Wochenende, sie sollen ebenso wie unser Urlaub heilend in unser Leben, in unseren Alltag hineinwirken. Wir dürfen Atem holen und neue Kraft schöpfen für die Aufgaben, die vor uns liegen. Dazu kann auch der Gottesdienst am Sonntag sehr gut beitragen.

☐ Erste Lesung: Dtn 5,12–15

So spricht der Herr: Achte auf den Sabbat: Halte ihn heilig, wie es dir der Herr, dein Gott, zur Pflicht gemacht hat. Sechs Tage darfst du schaffen und jede Arbeit tun. Der siebte Tag ist ein Ruhetag, dem Herrn, deinem Gott, geweiht. An ihm darfst du keine Arbeit tun: du, dein Sohn und deine Tochter, dein Sklave und deine Sklavin, dein Rind, dein Esel und dein ganzes Vieh und der Fremde, der in deinen Stadtbereichen Wohnrecht hat. Dein Sklave und deine Sklavin sollen sich ausruhen wie du. Denk daran: Als du in Ägypten Sklave warst, hat dich der Herr, dein Gott, mit starker Hand und hoch erhobenem Arm dort herausgeführt. Darum hat es dir der Herr, dein Gott, zur Pflicht gemacht, den Sabbat zu halten.

☐ Zweite Lesung: 2 Kor 4,6–11

Brüder und Schwestern!
Gott, der sprach: Aus Finsternis soll Licht aufleuchten!, er ist in unseren Herzen aufgeleuchtet, damit wir erleuchtet werden zur Erkenntnis des göttlichen Glanzes

24

auf dem Antlitz Christi. Diesen Schatz tragen wir Apostel in zerbrechlichen Gefäßen; so wird deutlich, daß das Übermaß der Kraft von Gott und nicht von uns kommt. Von allen Seiten werden wir in die Enge getrieben und finden doch noch Raum; wir wissen weder aus noch ein und verzweifeln dennoch nicht; wir werden gehetzt und sind doch nicht verlassen; wir werden niedergestreckt und doch nicht vernichtet. Wohin wir auch kommen, immer tragen wir das Todesleiden Jesu an unserem Leib, damit auch das Leben Jesu an unserem Leib sichtbar wird. Denn immer werden wir, obgleich wir leben, um Jesu willen dem Tod ausgeliefert, damit auch das Leben Jesu an unserem sterblichen Fleisch offenbar wird.

◘ Evangelium: Mk 2,23 – 3,6

An einem Sabbat ging Jesus durch die Kornfelder, und unterwegs rissen seine Jünger Ähren ab. Da sagten die Pharisäer zu ihm: Sieh dir an, was sie tun! Das ist doch am Sabbat verboten. Er antwortete: Habt ihr nie gelesen, was David getan hat, als er und seine Begleiter hungrig waren und nichts zu essen hatten – wie er zur Zeit des Hohenpriesters Ábjatar in das Haus Gottes ging und die heiligen Brote aß, die außer den Priestern niemand essen darf, und auch seinen Begleitern davon gab? Und Jesus fügte hinzu: Der Sabbat ist für den Menschen da, nicht der Mensch für den Sabbat. Deshalb ist der Menschensohn Herr auch über den Sabbat.

Als er ein andermal in eine Synagoge ging, saß dort ein Mann, dessen Hand verdorrt war. Und sie gaben acht, ob Jesus ihn am Sabbat heilen werde; sie suchten nämlich einen Grund zur Anklage gegen ihn. Da sagte er zu dem Mann mit der verdorrten Hand: Steh auf und stell dich in die Mitte! Und zu den anderen sagte er: Was ist am Sabbat erlaubt: Gutes zu tun oder Böses, ein Leben zu retten oder es zu vernichten? Sie aber schwiegen. Und er sah sie der Reihe nach an, voll Zorn und Trauer über ihr verstocktes Herz, und sagte zu dem Mann: Streck deine Hand aus! Er streckte sie aus, und seine Hand war wieder gesund. Da gingen die Pharisäer hinaus und faßten zusammen mit den Anhängern des Herodes den Beschluß, Jesus umzubringen.

❏ Impuls zum Evangelium

Im Gottesdienst danken wir für alles, was unser Leben erfüllt, für Arbeit und Freude, für Brot und liebe Mitmenschen. In den Gaben Brot und Wein, die wir auf den Altar legen, bringen wir Christen dies symbolisch zum Ausdruck. Im Hören des Gotteswortes bekommen wir zugleich Impulse für unser Leben und unser Handeln im Alltag. Gott gibt es nicht auf, in uns Menschen seine Partner, seine Ebenbilder – wie die Schrift sagt – zu sehen. Er traut uns zu, daß wir weiterhin an einer Welt bauen, in der alle Menschen menschenwürdig leben können, und dafür verspricht er uns immer wieder seine Hilfe und seinen Geist.

Damit wir im Leben unsere Menschlichkeit behalten, ist es wichtig, daß sich der Sonntag vom Werktag unterscheidet. Der Sonntag und inzwischen das ganze Wochenende und der Urlaub sind freie Zeit für uns selbst und für unsere Familie. Wir haben Zeit, die wir gestalten können und die wir freihalten sollten von Verpflichtungen und nicht notwendiger Arbeit. Wer am Sonntag wie am Werktag arbeitet, der handelt gegen seine eigene Würde. Wir sind keine Maschinen und auch keine Sklaven unserer Arbeit. Körper und Geist dürfen und sollen zur Ruhe kommen. Wir haben am Sonntag Gelegenheit, auf getane Arbeit zurückzuschauen und Kräfte zu sammeln.

Für uns Christen enthält jeder Sonntag zugleich eine Botschaft. Er erinnert uns an den Tod und die Auferstehung Jesu Christi und sagt uns damit, daß wir für ein Leben bestimmt sind, in dem das Arbeiten keine Mühe mehr bedeutet und das Ruhen keine Notwendigkeit mehr ist. Arbeiten und Ruhen, Gestalten und Feiern werden uns gleichermaßen beglücken. Ich wünsche Ihnen einen frohen Sonntag.

❏ Fürbitten

Unser Gott und Schöpfer, du möchtest, daß wir Ruhe finden und mit dem erforderlichen Abstand auf unsere Arbeit zurückschauen können. Wir bitten dich:

- Schenke allen, die im Schichtdienst arbeiten und auch am Sonntag zur Arbeit gehen müssen, eine verständnisvolle Familie.

- Sei mit deiner Barmherzigkeit und Liebe bei allen, die uns ermöglichen, am Sonntag nicht zu arbeiten, weil sie selbst für uns arbeiten, in Gaststätten, Museen, Kinos, an Tankstellen und anderswo.

- Schenke den Menschen, die nicht in Urlaub fahren können und jetzt zu Hause arbeiten müssen, Geduld, Kraft und Ausdauer für ihre Aufgaben.

Du, unser Schöpfer, in deiner Hand sind wir geborgen. Jetzt und alle Tage bis in Ewigkeit. Amen.

❏ Meditation zur Kommunion

Ich hebe meine Augen auf zu den Bergen: Woher kommt mir Hilfe?

Meine Hilfe kommt vom Herrn, der Himmel und Erde gemacht hat.

Er läßt deinen Fuß nicht wanken; er, der dich behütet, schläft nicht.

Der Herr ist dein Hüter, der Herr gibt dir Schatten; er steht dir zur Seite.

Bei Tag wird dir die Sonne nicht schaden noch der Mond in der Nacht.

Der Herr behüte dich vor allem Bösen, er behüte dein Leben.

Der Herr behüte dich, wenn du fortgehst und wiederkommst, von nun an bis in Ewigkeit.

Psalm 121,1–3.5–8

Christoph Dziwisch

Gott sucht den Menschen

10. Sonntag im Jahreskreis

Die einen haben sich daran gewöhnt, zu Beginn der heiligen Messe das Schuldbekenntnis zu sprechen. Andere wehren sich dagegen: „Immer wird uns eingehämmert: ‚Ihr seid schuldbeladen!'", so sagen sie. Dabei möchten wir doch alle Freude empfangen und ausstrahlen. Wir haben es zwar früher einmal gelernt, aber in der Schublade des Vergessens abgelegt, daß es verschiedene Formen der Sündenvergebung gibt. Auch die Feier der heiligen Eucharistie hat sündenvergebende Wirkung. Und das kann uns mit Freude erfüllen. So können wir zu Beginn des Gottesdienstes im Wissen um die Sündenvergebung voll Freude das Erbarmen Gottes auf uns herabrufen.

❒ **Erste Lesung: Gen 3,9–15**

Nachdem Adam von der Frucht des Baumes gegessen hatte, rief Gott, der Herr, ihm zu und sprach: Wo bist du? Er antwortete: Ich habe dich im Garten kommen hören; da geriet ich in Furcht, weil ich nackt bin, und versteckte mich. Darauf fragte er: Wer hat dir gesagt, daß du nackt bist? Hast du von dem Baum gegessen, von dem zu essen ich dir verboten habe? Adam antwortete: Die Frau, die du mir beigesellt hast, sie hat mir von dem Baum gegeben, und so habe ich gegessen. Gott, der Herr, sprach zu der Frau: Was hast du da getan? Die Frau antwortete: Die Schlange hat mich verführt, und so habe ich gegessen. Da sprach Gott, der Herr, zur Schlange: Weil du das getan hast, bist du verflucht / unter allem Vieh und allen

29

Tieren des Feldes. / Auf dem Bauch sollst du kriechen / und Staub fressen alle Tage deines Lebens. Feindschaft setze ich zwischen dich und die Frau, / zwischen deinen Nachwuchs und ihren Nachwuchs. / Er trifft dich am Kopf, / und du triffst ihn an der Ferse.

◻ Zweite Lesung: 2 Kor 4,13 – 5,1

Brüder und Schwestern!
Wir haben den gleichen Geist des Glaubens, von dem es in der Schrift heißt: Ich habe geglaubt, darum habe ich geredet. Auch wir glauben, und darum reden wir. Denn wir wissen, daß der, welcher Jesus, den Herrn, auferweckt hat, auch uns mit Jesus auferwecken und uns zusammen mit euch vor sein Angesicht stellen wird. Alles tun wir euretwegen, damit immer mehr Menschen aufgrund der überreich gewordenen Gnade den Dank vervielfachen, Gott zur Ehre.
Darum werden wir nicht müde; wenn auch unser äußerer Mensch aufgerieben wird, der innere wird Tag für Tag erneuert. Denn die kleine Last unserer gegenwärtigen Not schafft uns in maßlosem Übermaß ein ewiges Gewicht an Herrlichkeit, uns, die wir nicht auf das Sichtbare starren, sondern nach dem Unsichtbaren ausblicken; denn das Sichtbare ist vergänglich, das Unsichtbare ist ewig.
Wir wissen: Wenn unser irdisches Zelt abgebroche wird, dann haben wir eine Wohnung von Gott, ein nicht von Menschenhand errichtetes ewiges Haus im Himmel.

◻ Evangelium: Mk 3,20–35

In jener Zeit ging Jesus in ein Haus, und wieder kamen so viele Menschen zusammen, daß er und die Jünger nicht einmal mehr essen konnten. Als seine Angehörigen davon hörten, machten sie sich auf den Weg, um ihn mit Gewalt zurückzuholen; denn sie sagten: Er ist von Sinnen.

Die Schriftgelehrten, die von Jerusalem herabgekommen waren, sagten: Er ist von Beélzebul besessen; mit Hilfe des Anführers der Dämonen treibt er die Dämonen aus. Da rief er sie zu sich und belehrte sie in Form von Gleichnissen: Wie kann der Satan den Satan austreiben? Wenn ein Reich in sich gespalten ist, kann es keinen Bestand haben. Wenn eine Familie in sich gespalten ist, kann sie keinen Bestand haben. Und wenn sich der Satan gegen sich selbst erhebt und mit sich selbst im Streit liegt, kann er keinen Bestand haben, sondern es ist um ihn geschehen. Es kann aber auch keiner in das Haus eines starken Mannes einbrechen und ihm den Hausrat rauben, wenn er den Mann nicht vorher fesselt; erst dann kann er sein Haus plündern. Amen, das sage ich euch: Alle Vergehen und Lästerungen werden den Menschen vergeben werden, so viel sie auch lästern mögen; wer aber den Heiligen Geist lästert, der findet in Ewigkeit keine Vergebung, sondern seine Sünde wird ewig an ihm haften. Sie hatten nämlich gesagt: Er ist von einem unreinen Geist besessen.

Da kamen seine Mutter und seine Brüder; sie blieben vor dem Haus stehen und ließen ihn herausrufen. Es saßen viele Leute um ihn herum, und man sagte zu ihm: Deine Mutter und deine Brüder stehen draußen und fragen nach dir. Er erwiderte: Wer ist meine Mutter, und wer sind meine Brüder? Und er blickte auf die Menschen, die im Kreis um ihn herumsaßen, und sagte: Das hier sind meine Mutter und meine Brüder. Wer den Willen Gottes erfüllt, der ist für mich Bruder und Schwester und Mutter.

☐ Impuls zum Evangelium

Oft nehmen wir einige Abschnitte aus der Urgeschichte nicht ganz ernst und halten uns statt dessen an den anderen Erzählungen fest, weil sie mehr nach unserem Geschmack sind. Die Erzählung vom Sündenfall beschreibt uns einen Weg, den wir gar nicht gern beschreiten möchten und doch immer wieder von neuem gehen, den Weg von der Unschuld über die Schuld hinein in die Angst, die Menschen oft verleitet, sich wie Adam zu verstekken. Nur bei Adam war es so, daß er wußte, Gott ist da und sucht ihn. Wir machen es ein wenig anders: Wir halten uns Augen und Ohren zu und folgern dann, daß es den suchenden Gott gar nicht gebe.

Gott aber sucht uns trotz unserer Schuld weiter. Wie Adam fragt er uns: „Wo bist du?" Den Sündenbockmechanismus beherrschen wir heute ebenso perfekt wie schon Adam und Eva. Doch Gott läßt sich nicht mit einer Sündenbockmentalität abspeisen. Er geht den Dingen auf den Grund. Aber er beläßt es nicht bei der Erkundung der Schuld. Bereits am Anfang der Heiligen Schrift verheißt er die Erlösung von Sünde und Schuld: „Feindschaft setze ich zwischen dich und die Frau, zwischen deinen Nachwuchs und ihren Nachwuchs. Er trifft dich am Kopf, und du triffst ihn an der Ferse" (Gen 3,15). Der Nachkomme der Frau ist der Überwinder der Schlange, der Überwinder des Bösen: Christus, der Sohn Gottes selbst, der seine Macht über den Widersacher und seine Geister gezeigt hat.

In seinem Umgang mit Zöllnern, öffentlichen Sündern und Dirnen lebt Jesus seine verbindliche Lehre vor: „Amen, das sage ich euch: Alle Vergehen und Lästerungen werden den Menschen vergeben werden" (Mk 3,28). Die Barmherzigkeit Gottes kennt fast keine Grenzen. Die Vergebungsbereitschaft wird nur eingeschränkt für

den, der „den Heiligen Geist lästert" (Mk 3,29). Der
Evangelist Markus versteht unter dieser Lästerung die
Unterstellung, Jesus vollbringe seine Wunder als ein
vom Widersacher, von Beelzebul, Besessener. Wer auf
diese Art auch die Macht Jesu über die Sünden bestrei-
tet, den kann der Erlöser nicht von Sünde und Schuld
befreien. Er hat sich selbst vom erbarmenden Wirken
Gottes ausgeschlossen.

Und so stellt sich für uns die Frage: Für wen halten wir
Jesus, wirklich für den gottgesandten Christus, oder lau-
fen wir Gefahr, uns durch unsere innere Haltung vom
Erbarmen Gottes auszuschließen?

❒ Fürbitten

Herr Jesus Christus, du hast uns immer wieder von der
erbarmenden Liebe des Vaters erzählt und diese Liebe
uns Menschen durch dein Tun sichtbar gemacht. Wir
bitten dich:

• Laß uns nicht nur auf die verzeihende Liebe vertrau-
  en, sondern bewahre uns auch vor dem Hochmut der
  Sünde wider den Heiligen Geist.

• Laß die Liebe des himmlischen Vaters auch durch unser Reden, Handeln und Denken für unsere Mitmenschen erfahrbar werden.

• Öffne uns für die Menschen, die nicht mehr oder
  noch nicht glauben, damit sie etwas spüren von deiner heilenden Kraft.

Um all dies bitten wir dich, der du in der Einheit des
Heiligen Geistes mit Gott dem Vater lebst und herrschst
in alle Ewigkeit. Amen.

❐ Meditation zur Kommunion

O Herr, nimm unsre Schuld, mit der wir uns belasten,
und führe selbst die Hand, mit der wir nach dir tasten.
Wir trauen deiner Macht und sind doch oft in Sorgen.
Wir glauben deinem Wort und fürchten doch das Morgen.
Wir kennen dein Gebot, einander beizustehen, und können oft nur uns und unsre Nöte sehen.
O Herr, nimm unsre Schuld, die Dinge, die uns binden,
und hilf, daß wir durch dich den Weg zum andern finden.

Gotteslob Nr. 168: T. u. M.: Hans-Georg Lotz.
© *Verlag Singende Gemeinde, Wuppertal.*

Christoph Dziwisch

Den Samen aufnehmen und wachsen lassen

11. Sonntag im Jahreskreis

Im Urlaub haben wir Zeit, die Schöpfung mit all ihren Schönheiten mit neuen Augen zu sehen und vielleicht auch wieder neu zu lernen, über ihre Wunder zu staunen.
Die Eucharistiefeier ist die große Feier der Danksagung. Nehmen wir heute vielleicht einmal besonders den Dank für die schöne Schöpfung und den Dank für unser persönliches Leben und Dasein mit in diese Feier hinein. Alles hat der Vater uns geschenkt und anvertraut.

❐ **Erste Lesung: Ez 17,22–24**

So spricht Gott, der Herr:
Ich selbst nehme ein Stück / vom hohen Wipfel der Zeder / und pflanze es ein.
Einen zarten Zweig aus den obersten Ästen breche ich ab, / ich pflanze ihn auf einen hoch aufragenden Berg.
Auf die Höhe von Israels Bergland pflanze ich ihn. / Dort treibt er dann Zweige, / er trägt Früchte und wird zur prächtigen Zeder.
Allerlei Vögel wohnen darin; / alles, was Flügel hat, wohnt im Schatten ihrer Zweige.
Dann werden alle Bäume auf den Feldern erkennen, / daß ich der Herr bin.
Ich mache den hohen Baum niedrig, / den niedrigen mache ich hoch.
Ich lasse den grünenden Baum verdorren, / den verdorrten erblühen. / Ich, der Herr, habe gesprochen, und ich führe es aus.

❏ Zweite Lesung: 2 Kor 5,6–10

Brüder und Schwestern!
Wir sind immer zuversichtlich, auch wenn wir wissen,
daß wir fern vom Herrn in der Fremde leben, solange
wir in diesem Leib zu Hause sind; denn als Glaubende
gehen wir unseren Weg, nicht als Schauende. Weil wir
aber zuversichtlich sind, ziehen wir es vor, aus dem Leib
auszuwandern und daheim beim Herrn zu sein. Deswegen suchen wir unsere Ehre darin, ihm zu gefallen, ob
wir daheim oder in der Fremde sind. Denn wir alle müssen vor dem Richterstuhl Christi offenbar werden, damit jeder seinen Lohn empfängt für das Gute oder Böse,
das er im irdischen Leben getan hat.

❏ Evangelium: Mk 4,26–34

In jener Zeit sprach Jesus zu der Menge: Mit dem Reich
Gottes ist es so, wie wenn ein Mann Samen auf seinen
Acker sät; dann schläft er und steht wieder auf, es wird
Nacht und wird Tag, der Samen keimt und wächst, und
der Mann weiß nicht, wie. Die Erde bringt von selbst
ihre Frucht, zuerst den Halm, dann die Ähre, dann
das volle Korn in der Ähre. Sobald aber die Frucht
reif ist, legt er die Sichel an; denn die Zeit der Ernte ist
da.
Er sagte: Womit sollen wir das Reich Gottes verglei-
chen, mit welchem Gleichnis sollen wir es beschreiben?
Es gleicht einem Senfkorn. Dieses ist das kleinste von
allen Samenkörnern, die man in die Erde sät. Ist es aber
gesät, dann geht es auf und wird größer als alle anderen
Gewächse und treibt große Zweige, so daß in seinem
Schatten die Vögel des Himmels nisten können.
Durch viele solche Gleichnisse verkündete er ihnen das
Wort, so wie sie es aufnehmen konnten. Er redete nur in

Gleichnissen zu ihnen; seinen Jüngern aber erklärte er alles, wenn er mit ihnen allein war.

❐ Impuls zum Evangelium

Jesus wählt die Gleichnisse, in denen er über das Reich Gottes spricht, gern aus dem alltäglichen Erleben der damaligen Zeit aus, die landwirtschaftlich geprägt war. Wenn man mit offenen Augen durch die rauschenden Felder spaziert oder die rasante Entwicklung einer kleinen Pflanze betrachtet, dann kann man schon über das Geheimnis des Wachstums staunen.

Immer wieder fragen die Jünger Jesus voll Ungeduld, wann denn endlich das Reich Gottes anbrechen werde. Jesus verweist sie auf eine Erkenntnis aus der Natur: Der Sämann muß zunächst den Samen aussäen, und dann braucht es viel Zeit, bis der Same aufgeht, wächst und schließlich zur Ernte reif ist. Es ist schon so: Das Ende ist nicht gleich nach dem Anfang da. Dazwischen liegt viel Zeit. Nach der Aussaat scheint es so, als geschähe erst einmal gar nichts. Aber in der Verborgenheit der Erde, da beginnt das Wachstum. Und in dieser Zeit hat der Sämann wenig Einfluß auf das Gedeihen der Pflanzen. Ein anderer läßt wachsen, blühen und die Frucht reif werden: der himmlische Schöpfer selbst.

Die Predigt vom Reich Gottes selbst scheint zunächst auch nichts zu bringen. Nichts verändert sich: Die Welt dreht sich weiter. Hader, Haß und Streit bleiben wie eh und je. Aber das von Gott gesäte Wort bleibt dennoch nicht wirkungslos. Es bricht unscheinbar auf. Dabei verändert es die Welt nicht sofort, wie wir ungeduldigen Menschen es oft erwarten, sondern kaum merklich geht die Saat auf und verwandelt die Menschen. In Christi Nachfolge können wir das Wort vom Reich Gottes nur aussäen und weitergeben. Wachsen und gedeihen läßt es ein anderer: der himmlische Vater.

Wenn man die Geschichte der Menschheit seit Jesus von Nazareth anschaut, so hat die Botschaft vom Reich Gottes die Welt total verändert. Vieles, was heute von Gegnern des Christentums verfochten wird, hat eine christliche Wurzel; auch hier geht die Saat des Wortes Gottes auf. Was wäre die Welt ohne Jesus, das Wort des Vaters! Freilich dürfen wir das Gleichnis von der selbstwachsenden Saat nicht so mißverstehen: Der Herrgott wird's schon richten. Ich kann meine Hände in den Schoß legen. Denn mit dem Hinweis auf die Ernte verbindet Jesus den Hinweis auf das Gericht, in dem der Mensch sich für sein Handeln und auch für unterlassene Taten verantworten muß. Allerdings läßt er dem Menschen im Hier und Jetzt Zeit, zu wachsen und reife Frucht zu bringen: Glaube, Hoffnung und Liebe. Zur Zeit der Ernte legt er dann die Sichel an und wird die guten Früchtchen von den faulen scheiden. Nur ob wir gute oder faule Früchtchen sind, das haben wir selbst in der Hand.

❐ **Fürbitten**

Herr Jesus Christus, immer wieder hast du vom Wachsen des Himmelreiches gesprochen. Wir ungeduldigen Menschen bitten dich:

- Laß uns nicht müde werden, das gute Wort vom Himmelreich allen Menschen zu sagen.

- Mach unsere Herzen bereit, daß das Wort des Vaters in uns auf fruchtbaren Boden fallen kann, und laß uns dieses Wort hegen und pflegen.

- Ermutige Eltern und Lehrer in der Weitergabe des Glaubens, und erfülle sie mit deiner Kraft, dem Heiligen Geist.

Denn dein ist das Reich und die Kraft und die Herrlichkeit in Ewigkeit. Amen.

❏ Meditation zur Kommunion

Herr, wie zahlreich sind deine Werke! Mit Weisheit hast du sie alle gemacht, die Erde ist voll von deinen Geschöpfen.
Sie alle warten auf dich, daß du ihnen Speise gibst zur rechten Zeit.
Gibst du ihnen, dann sammeln sie ein; öffnest du deine Hand, werden sie satt an Gutem.
Verbirgst du dein Gesicht, sind sie verstört.
Ich will dem Herrn singen, solange ich lebe, will meinem Gott spielen, solange ich da bin.

Psalm 104,24.27–29a.33

Christoph Dziwisch

Im Gegenwind

12. Sonntag im Jahreskreis

Ein Priester sagte einmal: „Die Hauptsünde unserer Zeit ist die Verblendung!" Ja, man kann schon selbstverschuldet in die Verblendung geraten und dann nicht mehr in der Lage sein, die Dinge so zu sehen, wie sie wirklich sind. Wobei es zwischen Himmel und Erde mehr gibt, als sich mit naturwissenschaftlichen Mitteln festmachen läßt.

Die Gleichnisse und Wunder sind Zeichen und Hilfen, die uns aus unserer Verblendung herausreißen möchten. Sie möchten uns die Augen öffnen für das Eigentliche dieser Welt, für das Himmelreich und unseren Weg dorthin. Im Wunder spricht Gott durch das geschehene Zeichen zum Menschen. Erst dann ist das Wunder richtig geschehen, wenn der Mensch dieses Zeichen verstanden hat. Verstehen hat etwas zu tun mit Hören. Wenn ich nicht bereit bin, auf die Zeichen Gottes zu hören und zu schauen, dann werde ich sie auch nicht verstehen. „Herr, gib uns Mut zum Hören auf das, was du uns sagst", so singen wir auch in einem modernen Kirchenlied.

❑ Erste Lesung: Ijob 38,1.8–11

Der Herr antwortete dem Ijob aus dem Wettersturm und sprach:

Wer verschloß das Meer mit Toren, / als schäumend es dem Mutterschoß entquoll,

als Wolken ich zum Kleid ihm machte, / ihm zur Windel dunklen Dunst,

als ich ihm ausbrach meine Grenze, / ihm Tor und Riegel setzte und sprach: Bis hierher darfst du und nicht weiter, / hier muß sich legen deiner Wogen Stolz?

❒ Zweite Lesung: 2 Kor 5,14–17

Brüder und Schwestern!
Die Liebe Christi drängt uns, da wir erkannt haben: Einer ist für alle gestorben, also sind alle gestorben. Er ist aber für alle gestorben, damit die Lebenden nicht mehr für sich leben, sondern für den, der für sie starb und auferweckt wurde. Also schätzen wir von jetzt an niemand mehr nur nach menschlichen Maßstäben ein; auch wenn wir früher Christus nach menschlichen Maßstäben eingeschätzt haben, jetzt schätzen wir ihn nicht mehr so ein. Wenn also jemand in Christus ist, dann ist er eine neue Schöpfung: Das Alte ist vergangen, Neues ist geworden.

❒ Evangelium: Mk 4,35–41

An jenem Tag, als es Abend geworden war, sagte Jesus zu seinen Jüngern: Wir wollen ans andere Ufer hinüberfahren. Sie schickten die Leute fort und fuhren mit ihm in dem Boot, in dem er saß, weg; einige andere Boote begleiteten ihn. Plötzlich erhob sich ein heftiger Wirbelsturm, und die Wellen schlugen in das Boot, so daß es sich mit Wasser zu füllen begann. Er aber lag hinten im Boot auf einem Kissen und schlief. Sie weckten ihn und riefen: Meister, kümmert es dich nicht, daß wir zugrunde gehen? Da stand er auf, drohte dem Wind und sagte zu dem See: Schweig, sei still! Und der Wind legte sich, und es trat völlige Stille ein. Er sagte zu ihnen: Warum habt ihr solche Angst? Habt ihr noch keinen Glauben? Da ergriff sie große Furcht, und sie sagten zueinander: Was ist das für ein Mensch, daß ihm sogar der Wind und der See gehorchen?

❏ Impuls zum Evangelium

Da fahren sie also durch Sturm und aufpeitschende Wellen über das Galiläische Meer. Angst macht sich breit, und der Meister schläft seelenruhig.

„Ein Schiff, das sich Gemeinde nennt", lautet der Titel eines Kirchenliedes. Die christliche Gemeinde gleicht oft einem Schiff, das in der rauhen See nicht vorankommt, sondern zu kentern droht. Wie sehr wird die Kirche heutzutage in Frage gestellt, beschimpft und bekämpft! Der Sturm weht ihr oft voll ins Gesicht. Da möchte man so manches Mal gern aussteigen aus dem schwankenden, von Wassermassen bedrohten Boot, dessen Planken und Rumpf ächzen und knarren und das Gefahr läuft, von Sturm und See zerschlagen zu werden. Oft ist dieses Leben in dem Boot „Kirche" nicht einfach, und so manche Seekrankheit macht sich breit: Erbrechen, Übelkeit und Sehnsucht nach dem rettenden Ufer. Und doch heißt es weiterarbeiten, um den todbringenden Schiffbruch zu vermeiden. Und der eigentliche Steuermann, Jesus, scheint nicht dazusein. Wie oft rufen wir zu ihm: „Jesus, hilf!", und scheinbar kommt keine Reaktion.

Und dann, mitten im Kampf um das Überleben: Die Jünger rufen ihn, er steht auf und gebietet dem Sturm und der wütenden See zu schweigen. Auch wenn wir oft schwer zu kämpfen haben im „Schiff, das sich Gemeinde nennt", das Haupt der Kirche, der Steuermann Jesus, ist da. Und irgendwann, plötzlich, wenn wir nicht mehr damit rechnen, wird er den feindlichen Gewalten befehlend gebieten und das Schiff „Kirche" in ruhigem Fahrwasser zum Hafen führen, in die ewige Herrlichkeit. Und auch uns wird er fragen: „Warum habt ihr solche Angst? Habt ihr noch keinen Glauben?" (Mk 4,40).

Im Alten Testament führt man Stürme und rauhe See

zurück auf dämonische Kräfte. Über die Mächte des Meeres hat nach dortiger Überzeugung nur einer Befehlsgewalt: der Schöpfer Jahwe selbst. Sturm und die wütende See stehen in der ganzen Bibel als Bilder für Krieg und Tod. Befehlend gebietet Jesus über sie. Wer ist er also? Hier wird ein Stück seiner Herrlichkeit deutlich, die die Jünger später nach dem Ostergeschehen deutlicher erkennen werden: Du bist wirklich der Sohn des lebendigen Gottes, des Schöpfers Jahwe.

❐ Fürbitten

Guter Gott, du Herr und Steuermann deiner Kirche, höre unser Rufen:

- Erhalte in uns Christen die Kraft des Mutes, damit wir nicht nur hoffen gegen alle Hoffnungslosigkeit, sondern auch unsere Arbeit tun und so das Schiff „Kirche" ein wenig vorwärtskommt.

- Schenke uns ein festes Vertrauen in deine Gegenwart, auch wenn du scheinbar unser Rufen nicht hörst.

- Gewähre uns die Gnade, daß wir durch die Kirche das Ziel unseres Lebens erreichen: das Leben in deiner Gegenwart.

Dich preisen wir durch deinen Sohn im Heiligen Geist.

❐ Meditation zur Kommunion

Sie sollen ihm Dankopfer weihen, / mit Jubel seine Taten verkünden.
Sie, die dann in ihrer Bedrängnis schrien zum Herrn, / die er ihren Ängsten entriß

– er machte aus dem Sturm ein Säuseln, / so daß die
Wogen des Meeres schwiegen –,
die sich freuten, daß die Wogen sich legten / und er sie
zum ersehnten Hafen führte:
sie alle sollen dem Herrn danken für seine Huld, / für
sein wunderbares Tun an den Menschen.

Psalm 107,22.28–31

Julia Kohler

Heilsame Berührungen

13. Sonntag im Jahreskreis

Von manchen Berührungen geht Heilung aus. Sicher haben fast alle das in ihrem Leben schon so erfahren. Ich möchte Sie deshalb einladen, in der Erinnerung solchen Berührungen noch einmal nachzugehen und sie mit hineinzunehmen in die heutige Eucharistiefeier.

❑ Erste Lesung: Weish 1,13–15; 2,23f

Gott hat den Tod nicht gemacht / und hat keine Freude am Untergang der Lebenden.
Zum Dasein hat er alles geschaffen, / und heilbringend sind die Geschöpfe der Welt.
Kein Gift des Verderbens ist in ihnen, / das Reich des Todes hat keine Macht auf der Erde;
denn die Gerechtigkeit ist unsterblich.
Gott hat den Menschen zur Unvergänglichkeit erschaffen / und ihn zum Bild seines eigenen Wesens gemacht.
Doch durch den Neid des Teufels kam der Tod in die Welt, / und ihn erfahren alle, die ihm angehören.

❑ Zweite Lesung: 2 Kor 8,7.9.13–15

Brüder und Schwestern!
Wie ihr an allem reich seid, an Glauben, Rede und Erkenntnis, an jedem Eifer und an der Liebe, die wir in euch begründet haben, so sollt ihr euch auch an diesem Liebeswerk mit reichlichen Spenden beteiligen.
Denn ihr wißt, was Jesus Christus, unser Herr, in seiner Liebe getan hat: Er, der reich war, wurde euretwegen arm, um euch durch seine Armut reich zu machen.

Es geht nicht darum, daß ihr in Not geratet, indem ihr anderen helft; es geht um einen Ausgleich. Im Augenblick soll euer Überfluß ihrem Mangel abhelfen, damit auch ihr Überfluß einmal eurem Mangel abhilft. So soll ein Ausgleich entstehen, wie es in der Schrift heißt: Wer viel gesammelt hatte, hatte nicht zu viel, und wer wenig, hatte nicht zu wenig.

☐ **Evangelium: Mk 5,21–24,35b–43**

In jener Zeit fuhr Jesus im Boot an das andere Ufer des Sees von Galiläa hinüber, und eine große Menschenmenge versammelte sich um ihn. Während er noch am See war, kam ein Synagogenvorsteher namens Jaïrus zu ihm. Als er Jesus sah, fiel er ihm zu Füßen und flehte ihn um Hilfe an; er sagte: Meine Tochter liegt im Sterben. Komm und leg ihr die Hände auf, damit sie wieder gesund wird und am Leben bleibt. Da ging Jesus mit ihm. Viele Menschen folgten ihm und drängten sich um ihn.

Unterwegs kamen Leute, die zum Haus des Synagogenvorstehers gehörten, und sagten zu Jaïrus: Deine Tochter ist gestorben. Warum bemühst du den Meister noch länger? Jesus, der diese Worte gehört hatte, sagte zu dem Synagogenvorsteher: Sei ohne Furcht; glaube nur! Und er ließ keinen mitkommen außer Petrus, Jakobus und Johannes, den Bruder des Jakobus. Sie gingen zum Haus des Synagogenvorstehers. Als Jesus den Lärm bemerkte und hörte, wie die Leute laut weinten und jammerten, trat er ein und sagte zu ihnen: Warum schreit und weint ihr? Das Kind ist nicht gestorben, es schläft nur. Da lachten sie ihn aus. Er aber schickte alle hinaus und nahm außer seinen Begleitern nur die Eltern mit in den Raum, in dem das Kind lag. Er faßte das Kind an der Hand und sagte zu ihm: Talita kum!, das heißt übersetzt: Mädchen, ich sage dir, steh auf! Sofort stand das Mädchen auf und ging umher. Es war zwölf Jahre alt. Die Leute gerieten außer sich vor Entsetzen. Doch er schärfte ihnen ein, niemand dürfe etwas davon erfahren; dann sagte er, man solle dem Mädchen etwas zu essen geben.

❑ Impuls zum Evangelium

Wie heilsam manche Berührungen im Leben sind, das erfahren gerade Kinder, die mit einer kleinen Wunde zur Mutter laufen:
Alles wird dann schnell besser, wenn die Mutter beruhigende Worte spricht, die Wunde mit Spucke vielleicht sogar erst einmal reinigt, das Kind streichelt. Alles wird gut. Alles wird heil.
Schon beim Gedanken an eine solche Szene können wir dem in uns aufsteigenden Gefühl der Geborgenheit nachspüren. Welches Vertrauen steckt in einem Kind, das in solch einer Situation mit der Sehnsucht nach Heilung und Schmerzlinderung zur Mutter läuft!
Lassen wir uns heute einmal auf folgende Fragen ein: Wem würde ich eigentlich, im Urlaub oder zu Hause, so sehr vertrauen wie das Kind seiner Mutter? Worauf baue ich mein Leben, auf wessen Kräfte? Wer oder was richtet mich auf, schenkt mir neues Leben, wenn ich durch Schluchten der Angst und des Todes hindurchmuß? Woher kommt mir Licht und Lebensschwung? Wonach habe ich Sehnsucht?
Gerade in den Ferien merken wir ja besonders gut, wo wir Ruhe und Erholung finden, neues Leben und Neuorientierung. Wir fühlen, was uns eine Hilfe ist, um zur inneren, lebenspendenden Harmonie zurückzufinden. Vielleicht kann uns auch das heutige Evangelium in seiner Radikalität erneut dafür sensibel machen.

☐ Fürbitten

Du Gott, bei dem wir Ruhe und Heilung finden, zu dir
beten wir voll Vertrauen:

- Wir bitten dich für alle, die an ihren inneren Verlet-
  zungen leiden. Schenke du ihnen Ganzwerdung und
  neues Leben aus deiner Liebe.

- Wir bitten dich für alle, die niemanden haben, dem
  sie vertrauen können, für alle, die einsam sind. Mögen sie bei dir Ermutigung und Kraft finden, um auf
  andere Menschen zuzugehen.

- Wir bitten dich für alle, die ihren Mitmenschen gute
  Zuhörer und Begleiter sind. Schenke du ihnen auch
  weiterhin Ausdauer und Geduld.

Herr, unser Gott, immer kommst du uns mit deiner Barmherzigkeit und Güte zuvor. Dir wollen wir danken, heute
und an jedem neuen Tag unseres Lebens. Amen.

☐ Meditation zur Kommunion

In der Freizeit durchbreche ich die Gewohnheiten und
die Routine des Alltäglichen. Ich kann mich auf das besinnen, was mir in meinem Leben wichtig ist, was mir
wesentlich ist. Ich kann mich von all dem befreien, was
das Wesentliche verdrängt hat, und mich neu auf meine
Mitte besinnen, darauf, woraus ich leben möchte, wo
mein Menschsein verwurzelt und im Werden und Wachsen begriffen ist. Indem ich mich als werdend begreife,
bin ich offen auf die Zukunft hin, auch auf jene Zukunft
hin, die mir geschenkt wird und die oft anders ist, als
ich es mir vorstelle und erhoffe.

Freizeit ist der Raum an freier Zeit, in dem sich die Berufung zur Gemeinschaft ereignet, in der Freizeit kann die Gemeinschaft, das Sein mit den anderen, erneuert werden, können auch Gebet und geistliches Leben Raum und Zeit finden.

Julia Kohler

Oasen des Lebens

14. Sonntag im Jahreskreis

Wir alle sind geprägt durch unsere Herkunft. Unsere Familie, unsere Heimat haben uns geformt. Meist merken wir erst im Ausland, wie sehr wir von unserer Umgebung geprägt sind.

Ich möchte Sie zu Beginn der Eucharistiefeier einladen, sich auf jenen Ort zu besinnen, an dem Sie daheim sind. Es kann eine Stadt sein, ein bestimmtes Haus in einer bestimmten Straße, es kann ein Ort sein, den Sie einmal bei einer Wanderung entdeckt haben, es kann aber auch sein, daß es einen Menschen gibt, bei dem Sie sich besonders angenommen fühlen.

❏ **Erste Lesung: Ez 1,28b – 2,5**

In jenen Tagen, als ich die Erscheinung der Herrlichkeit des Herrn sah, fiel ich nieder auf mein Gesicht. Und ich hörte, wie jemand redete.

Er sagte zu mir: Stell dich auf deine Füße, Menschensohn; ich will mit dir reden. Als er das zu mir sagte, kam der Geist in mich und stellte mich auf die Füße. Und ich hörte den, der mit mir redete. Er sagte zu mir: Menschensohn, ich sende dich zu den abtrünnigen Söhnen Israels, die sich gegen mich aufgelehnt haben. Sie und ihre Väter sind immer wieder von mir abgefallen, bis zum heutigen Tag. Es sind Söhne mit trotzigem Gesicht und hartem Herzen. Zu ihnen sende ich dich. Du sollst zu ihnen sagen: So spricht Gott, der Herr. Ob sie dann hören oder nicht – denn sie sind ein widerspenstiges Volk –, sie werden erkennen müssen, daß mitten unter ihnen ein Prophet war.

❏ Zweite Lesung: 2 Kor 12,7–10

Brüder und Schwestern!
Damit ich mich wegen der einzigartigen Offenbarungen nicht überhebe, wurde mir ein Stachel ins Fleisch gestoßen: ein Bote Satans, der mich mit Fäusten schlagen soll, damit ich mich nicht überhebe. Dreimal habe ich den Herrn angefleht, daß dieser Bote Satans von mir ablasse. Er aber antwortete mir: Meine Gnade genügt dir; denn sie erweist ihre Kraft in der Schwachheit. Viel lieber also will ich mich meiner Schwachheit rühmen, damit die Kraft Christi auf mich herabkommt. Deswegen bejahe ich meine Ohnmacht, alle Mißhandlungen und Nöte, Verfolgungen und Ängste, die ich für Christus ertrage; denn wenn ich schwach bin, dann bin ich stark.

❏ Evangelium: Mk 6,1b–6

In jener Zeit kam Jesus in seine Heimatstadt; seine Jünger begleiteten ihn. Am Sabbat lehrte er in der Synagoge. Und die vielen Menschen, die ihm zuhörten, staunten und sagten: Woher hat er das alles? Was ist das für eine Weisheit, die ihm gegeben ist! Und was sind das für Wunder, die durch ihn geschehen! Ist das nicht der Zimmermann, der Sohn der Maria und der Bruder von Jakobus, Joses, Judas und Simon? Leben nicht seine Schwestern hier unter uns? Und sie nahmen Anstoß an ihm und lehnten ihn ab. Da sagte Jesus zu ihnen: Nirgends hat ein Prophet so wenig Ansehen wie in seiner Heimat, bei seinen Verwandten und in seiner Familie. Und er konnte dort kein Wunder tun; nur einigen Kranken legte er die Hände auf und heilte sie. Und er wunderte sich über ihren Unglauben. Und Jesus zog durch die benachbarten Dörfer und lehrte dort.

❏ Impuls zum Evangelium

Im heutigen Evangelium haben wir gehört, daß Jesus in seine Heimatstadt kommt.
Er trifft dort auf Unverständnis und Unglauben. Jesus, seine Botschaft, wird nicht angenommen. Er findet kein Vertrauen. Man begegnet ihm mit Mißtrauen und vielen Fragen: „Was ist das für eine Weisheit ...!", „Und was sind das für Wunder ...!" Das Mißtrauen entzieht ihm die Kräfte und die Glaubwürdigkeit. Er wird nicht angenommen, gerade in der Heimat! Gerade in der Heimat kann er nicht er selbst sein.
Dort, wo wir – mit unserem je eigenen Geheimnis – angenommen werden, dort fühlen wir uns daheim. Niemand kann uns ganz und gar kennen. Aber bei Menschen, denen wir vorbehaltlos vertrauen, fühlen wir uns zu Hause.
Wo ist meine Heimat? Von wem bin ich angenommen? Wem gebe ich das Gefühl, angenommen zu sein?

❏ Fürbitten

Jesus wurde abgelehnt und seine Botschaft verdrängt. Zu ihm wollen wir beten:

- Wir beten für alle, die aus unserer Gesellschaft ausgestoßen sind, an den Rand gedrängt, weil sie in unserer auf Leistung ausgerichteten Gesellschaft nicht mithalten können: Behinderte, Pflegebedürftige, Sterbende.

- Wir beten für alle, die nicht in ihrer Heimat leben können und die auf der Flucht sein müssen, vor Gewalt, Krieg und politischer Verfolgung.

- Wir beten für alle, denen wir manchmal aus dem Weg gehen und denen niemand vertraut: für Obdachlose, Alkohol- und Drogensüchtige.

Herr Jesus Christus, wir danken dir, du unser Begleiter, für deine Geduld und Mitmenschlichkeit. Deine Liebe geht mit uns. Amen.

❏ Meditation zur Kommunion

Herr, unser Herr, wie bist du zugegen
und wie unsagbar nah bei uns.
Allzeit bist du um uns in Sorge,
in deiner Liebe birgst du uns.

Du bist in allem ganz tief verborgen,
was lebt und sich entfalten kann.
Doch in den Menschen willst du wohnen,
mit ganzer Kraft uns zugetan.

Gotteslob Nr. 298,1+4: T.: Huub Oosterhuis.
Dt. Text: Peter Pawlowsky / Nikolaus Greitemann 1969.
© Christophorus-Verlag, Freiburg i. Br.

Julia Kohler

Wofür stehe ich?

15. Sonntag im Jahreskreis

Wir versammeln uns am Sonntag zum Gottesdienst, um miteinander unsere Erneuerung im Glauben zu feiern. Glaube ist Wagnis und Vertrauen; er ist ein Weg, nicht das Ziel. Wir können uns immer wieder neu auf den Weg machen. Nur wer aufbricht, kann auch ankommen. Am leichtesten gehen wir ohne Gepäck und Sicherheiten. Allerdings sind wir dann angewiesen auf Menschen, die unser Angewiesensein auf sie nicht zu ihrem Vorteil ausnutzen. Wenn wir in einem fremden Land, in einer fremden Kultur zu Gast sind, in einem Land etwa, in dem wir die Sprache nicht verstehen, können wir dieses Gefühl des Angewiesenseins sehr gut nachvollziehen.

❒ Erste Lesung: Am 7,12–15

In jenen Tagen sagte Amázja, der Priester von Bet-El, zu Amos: Geh, Seher, flüchte ins Land Juda! Iß dort dein Brot, und tritt dort als Prophet auf! In Bet-El darfst du nicht mehr als Prophet reden; denn das hier ist ein Heiligtum des Königs und ein Reichstempel. Amos antwortete Amázja: Ich bin kein Prophet und kein Prophetenschüler, sondern ich bin ein Viehzüchter, und ich ziehe Maulbeerfeigen. Aber der Herr hat mich von meiner Herde weggeholt und zu mir gesagt: Geh und rede als Prophet zu meinem Volk Israel!

❒ Zweite Lesung: Eph 1,3–10

Gepriesen sei Gott, der Gott und Vater unseres Herrn Jesus Christus: / Er hat uns mit allem Segen seines Geistes gesegnet / durch unsere Gemeinschaft mit Christus im Himmel.

Denn in ihm hat er uns erwählt vor der Erschaffung der Welt, / damit wir heilig und untadelig leben vor Gott; er hat uns aus Liebe im voraus dazu bestimmt, / seine Söhne zu werden durch Jesus Christus / und zu ihm zu gelangen nach seinem gnädigen Willen, zum Lob seiner herrlichen Gnade. / Er hat sie uns geschenkt in seinem geliebten Sohn; durch sein Blut haben wir die Erlösung, / die Vergebung der Sünden nach dem Reichtum seiner Gnade. Durch sie hat er uns reich beschenkt mit aller Weisheit und Einsicht und hat uns das Geheimnis seines Willens kundgetan, / wie er es gnädig im voraus bestimmt hat: die Fülle der Zeiten heraufzuführen in Christus und alles, was im Himmel und auf Erden ist, in ihm zu vereinen.

❏ **Evangelium: Mk 6,7–13**

In jener Zeit rief Jesus die Zwölf zu sich und sandte sie aus, jeweils zwei zusammen. Er gab ihnen die Vollmacht, die unreinen Geister auszutreiben, und er gebot ihnen, außer einem Wanderstab nichts auf den Weg mitzunehmen, kein Brot, keine Vorratstasche, kein Geld im Gürtel, kein zweites Hemd und an den Füßen nur Sandalen. Und er sagte zu ihnen: Bleibt in dem Haus, in dem ihr einkehrt, bis ihr den Ort wieder verlaßt. Wenn man euch aber in einem Ort nicht aufnimmt und euch nicht hören will, dann geht weiter, und schüttelt den Staub von euren Füßen, zum Zeugnis gegen sie. Die Zwölf machten sich auf den Weg und riefen die Menschen zur Umkehr auf. Sie trieben viele Dämonen aus und salbten viele Kranke mit Öl und heilten sie.

❐ Impuls zum Evangelium

Wir haben im Evangelium von einer Aussendung und einem Aufbruch gehört, die nicht alltäglich sind. Worauf lassen sich die Jünger da ein? Auf eine Art „Überlebenstraining für Manager"? Oder darauf, wie Aussteiger alles zurückzulassen, um offen zu sein für einen neuen Abschnitt in ihrem Leben? Oder prägen sie gar den „Vorläufer" zum heutigen „sanften Reisen"? Die Jünger werden von Jesus ausgesandt, sie haben einen Auftrag. Sie sollen aufbrechen, und zwar ohne Sicherheiten, ohne Stärkung für unterwegs. Da ist kein Geldbeutel, der den Neid der anderen erwecken könnte. Nicht einmal ein zweites Hemd. Im Unterwegssein und Angewiesensein auf die anderen sollen Auftrag und Sendung der Jünger sichtbar werden.

Wenn wir heute im Ausland auf Reisen sind, stehen in vergleichbarer Weise auch wir für ein Land und seine Leute. Wir stehen für eine Kultur und Mentalität. Zugleich ist es in dieser Situation gut, sich zum Kennenlernen der Kultur des gastgebenden Landes dieser ganz zu öffnen, indem wir die Fremdheit dieses Landes respektieren.

Als Mensch, der unterwegs ist, hat jeder von uns eine Botschaft. Die Botschaft ist nicht unser Gepäck, nicht das, was wir mitbringen, sondern wir selbst sind Botschaft. Sichtbar und ansprechbar. In der Begegnung mit der fremden Kultur und ihren Menschen wird unsere Botschaft zum Ereignis.

Welches ist meine Botschaft, meine Sendung, und wofür stehe ich? Stehe ich nur für mich selbst, konzentriere ich mich allein auf mich und meine Sicherheiten? Oder weiß ich auch um meine Wurzeln, meine Herkunft und Sendung? Das sind Fragen, die gerade im Urlaub einmal eine Antwort finden könnten. Lassen wir uns also durch das heutige Evangelium einmal so in Frage stellen!

❐ Fürbitten

Gott, unser Begleiter, der du uns auf den Wegen des Glaubens führst, dich bitten wir:

- Für alle, die nach Neuorientierung in ihrem Leben suchen; schenke du ihnen die Gabe der Unterscheidung zwischen Unwesentlichem und Wesentlichem.

- Für alle, die einen neuen Lebensabschnitt in einem fremden Land beginnen; schenke du ihnen Offenheit für die neue Kultur.

- Für alle, die in diesen Tagen nicht reisen können, sondern den Reisenden ihre Gastfreundschaft anbieten; schenke du ihnen die Kraft und Ausgeglichenheit, die sie für ihre Arbeit benötigen.

Guter Gott, in dir leben wir, bewegen wir uns und sind wir; wir danken dir für deine Wegbegleitung, vom Gestern ins Heute und vom Heute ins Morgen. Amen.

❐ Meditation zur Kommunion

Wenn wir uns einem anderen nähern,
einer anderen Kultur, einer anderen Religion,
so ist unsere erste Aufgabe,
unsere Schuhe auszuziehen, denn der Boden,
den wir betreten, ist heiliger Boden.
Tun wir dies nicht,
so riskieren wir es, menschliche Träume zu zertreten,
oder, schlimmer noch, wir könnten vergessen,
daß – schon vor unserer Ankunft – Gott selbst hier gegenwärtig ist.

Text einer Begrüßungstafel in einer Kirche in Frankreich

57

Joachim Schroedel

Pausenunterbrechung
16. Sonntag im Jahreskreis

Das Bild, das wir heute von den Texten der Liturgie vor
Augen geführt bekommen, will uns auf den ersten Blick
sicher nicht gefallen; wir wollen heutzutage keine „dum-
men Schafe" sein, die blindlings einem Hirten folgen.
Wir wollen eher uns selbst bestimmen, wollen unsere
eigenen Wege gehen – und wenn sie auch in die Irre
führen. Doch sollten wir genauer hinschauen; nicht so
sehr von der Schafherde wird gesprochen, sondern von
denen, die „Hirten" genannt werden. Viele Hirten –
manche von ihnen werden sogar „Oberhirten" genannt
– entsprechen nicht unseren Vorstellungen. Und das
scheint nichts Neues zu sein; in der alttestamentlichen
Lesung wird der König als schlechter Hirte dargestellt,
der sich nicht um sein Volk kümmert. Jede Zeit kennt
die Sehnsucht nach einem, der bereit ist, die ihm Anver-
trauten liebevoll zu begleiten. Als Christen sehen wir in
Jesus denjenigen, der sogar sein Leben für uns hingibt.
Sind wir dann auch bereit, ihm immer wieder zu vertrauen?

❏ Erste Lesung: Jer 23,1–6

Weh den Hirten, die die Schafe meiner Weide zugrunde
richten und zerstreuen – Spruch des Herrn. Darum – so
spricht der Herr, der Gott Israels, über die Hirten, die
mein Volk weiden: Ihr habt meine Schafe zerstreut und
versprengt und habt euch nicht um sie gekümmert. Jetzt
ziehe ich euch zur Rechenschaft wegen eurer bösen Taten – Spruch des Herrn. Ich selbst aber sammle den Rest
meiner Schafe aus allen Ländern, wohin ich sie ver-

sprengt habe. Ich bringe sie zurück auf ihre Weide; sie sollen fruchtbar sein und sich vermehren. Ich werde für sie Hirten bestellen, die sie weiden, und sie werden sich nicht mehr fürchten und ängstigen und nicht mehr verlorengehen – Spruch des Herrn.

Seht, es kommen Tage – Spruch des Herrn –, da werde ich für David einen gerechten Sproß erwecken. Er wird als König herrschen und weise handeln, für Recht und Gerechtigkeit wird er sorgen im Land. In seinen Tagen wird Juda gerettet werden, Israel kann in Sicherheit wohnen. Man wird ihm den Namen geben: Der Herr ist unsere Gerechtigkeit.

❏ Zweite Lesung: Eph 2,13–18

Brüder und Schwestern!

Jetzt seid ihr, die ihr einst in der Ferne wart, durch Christus Jesus, nämlich durch sein Blut, in die Nähe gekommen. Denn er ist unser Friede. Er vereinigte die beiden Teile – Juden und Heiden – und riß durch sein Sterben die trennende Wand der Feindschaft nieder. Er hob das Gesetz samt seinen Geboten und Forderungen auf, um die zwei in seiner Person zu dem einen neuen Menschen zu machen. Er stiftete Frieden und versöhnte die beiden durch das Kreuz mit Gott in einem einzigen Leib. Er hat in seiner Person die Feindschaft getötet. Er kam und verkündete den Frieden: euch, den Fernen, und uns, den Nahen. Durch ihn haben wir beide in dem einen Geist Zugang zum Vater.

❏ Evangelium: Mk 6,30–34

In jener Zeit versammelten sich die Apostel, die Jesus ausgesandt hatte, wieder bei ihm und berichteten ihm alles, was sie getan und gelehrt hatten. Da sagte er zu ihnen: Kommt mit an einen einsamen Ort, wo wir allein sind, und ruht ein wenig aus. Denn sie fanden nicht einmal Zeit zum Essen, so zahlreich waren die Leute, die kamen und gingen. Sie fuhren also mit dem Boot in eine einsame Gegend, um allein zu sein. Aber man sah sie abfahren, und viele erfuhren davon; sie liefen zu Fuß aus allen Städten dorthin und kamen noch vor ihnen an. Als er ausstieg und die vielen Menschen sah, hatte er Mitleid mit ihnen; denn sie waren wie Schafe, die keinen Hirten haben. Und er lehrte sie lange.

❒ **Impuls zum Evangelium**

Jesus ist mit seinen Jüngern durch die Arbeit der Verkündigung erschöpft. Er lädt sie ein, an einen einsamen Ort mitzukommen, um auszuruhen. Eine verständliche Reaktion.

Doch offensichtlich sind diejenigen, die Jesus und seine Jünger hören wollen, noch schneller. Und Jesus stellt sich der Aufgabe erneut.

Ruhepausen sind notwendig, gleich, was wir tun. Auch dieser Sonntag soll eine Ruhepause sein. Erholung kann Kraft geben, Begonnenes gut weiterzuführen. Doch gilt es auch dann, die Menschen zu sehen, die meiner bedürfen.

Jeder Beruf ist letztlich für Menschen da, denn wir leben in einer Gesellschaft, die nur dann gelingt, wenn jeder und jede seine besonderen Fähigkeiten in sie einbringt. Und diese Befähigungen können eben ausnahmsweise auch einmal außerhalb meiner Dienstzeit gefragt sein.

Es gilt also, unterscheiden zu lernen: Wo darf ich mir eine Pause gönnen, wo muß ich aber auch diese Pause unterbrechen – um des Menschen willen. Jesus ist uns bei dieser Entscheidung bestimmt eine Hilfe.

❐ Fürbitten

Herr Jesus Christus, du lädst auch uns ein, bei dir auszuruhen, um neue Kraft zu schöpfen. Wir bitten dich:

* Hilf allen Menschen, die in sozialen Berufen tätig sind, bei dir Stärkung zu finden.

* Segne die Menschen, die innerlich oder äußerlich ohne Ruhe sind, und hilf ihnen, aus der Begegnung mit dir zu leben.

* Begleite die Heimatlosen und Irrenden, schenke ihnen Menschen, die sich ihrer annehmen.

* Schenke unseren Kindern und Jugendlichen Eltern, die Verständnis für sie haben.

* Führe unsere Verstorbenen zur ewigen Ruhe bei dir.

Denn du sorgst dich um uns, du bist der Gute Hirte. Dich preisen wir in alle Ewigkeit. Amen.

❐ Meditation zur Kommunion

Hirten sorgen sich um die Herde,
ER sorgt sich um mich.
Ich will IHM keine Sorgen machen,
denn er kennt mein Leben
und nimmt es so, wie es ist.
Danke, Guter Hirte!

Joachim Schroedel

Wenig reicht für viele

17. Sonntag im Jahreskreis

Wenn wir uns zum Sonntagsgottesdienst versammeln, können wir etwas verspüren von Gemeinschaft und Zusammengehörigkeit. Doch immer wieder merken wir auch, daß es „Ausgeschlossene" gibt: Ehepartner, die einer anderen Konfession angehören, Freunde, denen das Christentum nichts mehr bedeutet, Menschen, die wir selber links liegenlassen. Eigentlich darf es das alles, in Gottes und Jesu Namen, nicht geben. Denn die Einheit zwischen Menschen ist es, die alleine für Gott zählt.

Wenn wir uns auf den Gottesdienst vorbereiten, dann können wir uns fragen, wo wir selber Menschen ausschließen und so dem Willen Gottes widersprechen. Jesus sorgt sich um alle Menschen – vermögen wir das auch?

❒ Erste Lesung: 2 Kön 4,42–44

In jenen Tagen kam ein Mann von Báal-Schalíscha und brachte dem Gottesmann Elíscha Brot von Erstlingsfrüchten, zwanzig Gerstenbrote, und frische Körner in einem Beutel. Elíscha befahl seinem Diener: Gib es den Leuten zu essen! Doch dieser sagte: Wie soll ich das hundert Männern vorsetzen? Elíscha aber sagte: Gib es den Leuten zu essen! Denn so spricht der Herr: Man wird essen und noch übriglassen. Nun setzte er es ihnen vor; und sie aßen und ließen noch übrig, wie der Herr gesagt hatte.

❒ Zweite Lesung: Eph 4,1–6

Brüder und Schwestern!
Ich, der ich um des Herrn willen im Gefängnis bin, er-

mahne euch, ein Leben zu führen, das des Rufes würdig ist, der an euch erging. Seid demütig, friedfertig und geduldig, ertragt einander in Liebe, und bemüht euch, die Einheit des Geistes zu wahren durch den Frieden, der euch zusammenhält. *Ein* Leib und *ein* Geist, wie euch durch eure Berufung auch *eine* gemeinsame Hoffnung gegeben ist; *ein* Herr, *ein* Glaube, *eine* Taufe, *ein* Gott und Vater aller, der über allem und durch alles und in allem ist.

◻ **Evangelium: Joh 6,1–15**

In jener Zeit ging Jesus an das andere Ufer des Sees von Galiläa, der auch See von Tibérias heißt. Eine große Menschenmenge folgte ihm, weil sie die Zeichen sahen, die er an den Kranken tat. Jesus stieg auf den Berg und setzte sich dort mit seinen Jüngern nieder. Das Pascha, das Fest der Juden, war nahe. Als Jesus aufblickte und sah, daß so viele Menschen zu ihm kamen, fragte er Philíppus: Wo sollen wir Brot kaufen, damit diese Leute zu essen haben? Das sagte er aber nur, um ihn auf die Probe zu stellen; denn er selbst wußte, was er tun wollte. Philíppus antwortete ihm: Brot für zweihundert Denáre reicht nicht aus, wenn jeder von ihnen auch nur ein kleines Stück bekommen soll. Einer seiner Jünger, Andreas, der Bruder des Simon Petrus, sagte zu ihm: Hier ist ein kleiner Junge, der hat fünf Gerstenbrote und zwei Fische; doch was ist das für so viele! Jesus sagte: Laßt die Leute sich setzen! Es gab dort nämlich viel Gras. Da setzten sie sich; es waren etwa fünftausend Männer. Dann nahm Jesus die Brote, sprach das Dankgebet und teilte an die Leute aus, soviel sie wollten; ebenso machte er es mit den Fischen. Als die Menge satt war, sagte er zu seinen Jüngern: Sammelt die übriggebliebenen Brotstücke, damit nichts verdirbt. Sie sammelten und füllten zwölf Körbe mit den Stücken, die von den fünf Gerstenbroten nach dem Essen übrig waren. Als die Menschen das Zeichen sahen, das er getan hatte, sagten sie: Das ist wirklich der Prophet, der in die Welt kommen soll. Da erkannte Jesus, daß sie kommen würden, um ihn in ihre Gewalt zu bringen und zum König zu machen. Daher zog er sich wieder auf den Berg zurück, er allein.

❐ Impuls zum Evangelium

Das Wenige, das ein kleiner Junge in die Hände Jesu legt, wird für viele zur Speise. Sicher ist alleine dies die Kernaussage des Evangeliums. Es wäre völlig verfehlt, hier die Angabe von Nahrungsmengen für das Wesentliche zu halten und zu fragen, wie „das" geschehen konnte. Und dabei etwa zu spekulieren: Als einer anfing zu teilen, haben alle anderen ebenfalls ihren Mundvorrat herausgeholt und geteilt. Nein, die Sinnspitze der Erzählung habe ich erst richtig erfaßt, wenn sie mich zu der Frage führt: Bin ich bereit, die kleinen Fähigkeiten, die mir der Herrgott gegeben hat, in seine Hände zu legen, damit er sie für andere Menschen fruchtbar werden läßt und somit vermehrt? Mal ehrlich: Wenn überhaupt, dann will ich meine Fähigkeiten doch eher selber entwickeln – und viele andere Menschen bleiben dann auf der Strecke.

Leg doch deine Armseligkeit, deine fünf Brote und zwei Fische, in die Hände Gottes. Bitte ihn, daß er sie entwickelt, so daß schließlich „für viele" genug da ist. Dann wird die Einheit erreicht, die von vielen Menschen, ja von allen, so sehnsüchtig erwartet wird. Nur durch Gottes Hände, nur durch seinen Segen kann letztlich der Menschheit Gutes gegeben werden – so viel sogar, daß es für alle Zukunft reicht, für alle „Stämme Israels" (die zwölf Körbe symbolisieren Nahrung für ganz Israel).

❏ Fürbitten

Herr, du willst, daß wir „die Einheit des Geistes" wahren und in Liebe verbunden sind. Wir bitten dich:

- Hilf, daß die ganze Christenheit sich eint unter deinem Namen, daß Spaltung überwunden wird, daß wir uns gegenseitig achten und lieben.

- Stärke die Bemühungen der Politiker, den Frieden in dieser Welt zu sichern.

- Segne den Einsatz aller, die sich um das leibliche und seelische Wohl der Menschen kümmern.

- Begleite die Trauernden, stärke die Sterbenden und führe die Toten zum himmlischen Gastmahl.

Denn durch dich wird sogar aus dem Armseligen Nahrung für viele. Dich preisen wir in alle Ewigkeit. Amen.

❏ Meditation zur Kommunion

Meine kleinen Fähigkeiten, meine Gaben, in deinen Händen.
Meine Liebe, durch deine Liebe.
Deine Liebe in meinen Händen,
Brot für viele – Speise für alle.
Durch dich, Herr, kann Einheit gelingen,
Und die Welt atmet ein wenig auf.

Joachim Schroedel

Wovon leben wir?

18. Sonntag im Jahreskreis

Unsere Welt ist heute – vielleicht mehr denn je – von
Fragen der materiellen Absicherung bestimmt. Wir brauchen unser „Auskommen", möchten uns etwas leisten
können, sorgen vor für Alter und Krankheit. Die Medi-
en suggerieren uns, wie unglücklich wir wären, wenn
wir nicht dies oder jenes hätten, unsere Kauflust ist
oft unbegrenzt, und noch nicht einmal Grenzen unseres
Bankkontos können hier hilfreich sein: Die Bank gewährt uns ja großzügig Kredite.
Die Liturgie des heutigen Sonntags schenkt uns die Mög-
lichkeit, einmal innezuhalten. Werden wir wirklich so von
der Suche nach Materiellem beherrscht, daß wir nicht mehr
fähig sind, die „Welt des Geistes" zu erfahren? Gibt es nicht
auch ein „Mehr", das wir nicht mit Geld kaufen können,
sondern „gratis", wörtlich übersetzt: „aus Gnade", geschenkt bekommen? Wo und von wem können wir uns
beschenken lassen?

❒ **Erste Lesung: Ex 16,2–4.12–15**

In jenen Tagen murrte die ganze Gemeinde der Israeliten in der Wüste gegen Mose und Aaron. Die Israeliten
sagten zu ihnen: Wären wir doch in Ägypten durch die
Hand des Herrn gestorben, als wir an den Fleischtöpfen
saßen und Brot genug zu essen hatten. Ihr habt uns nur
deshalb in diese Wüste geführt, um alle, die hier ver-
sammelt sind, an Hunger sterben zu lassen. Da sprach
der Herr zu Mose: Ich will euch Brot vom Himmel reg-
nen lassen. Das Volk soll hinausgehen, um seinen täglichen Bedarf zu sammeln. Ich will es prüfen, ob es nach

66

meiner Weisung lebt oder nicht. Ich habe das Murren der Israeliten gehört. Sag ihnen: Am Abend werdet ihr Fleisch zu essen haben, am Morgen werdet ihr satt sein von Brot, und ihr werdet erkennen, daß ich der Herr, euer Gott, bin.

Am Abend kamen die Wachteln und bedeckten das Lager. Am Morgen lag eine Schicht von Tau rings um das Lager. Als sich die Tauschicht gehoben hatte, lag auf dem Wüstenboden etwas Feines, Knuspriges, fein wie Reif, auf der Erde. Als das die Israeliten sahen, sagten sie zueinander: Was ist das? Denn sie wußten nicht, was es war. Da sagte Mose zu ihnen: Das ist das Brot, das der Herr euch zu essen gibt.

❒ Zweite Lesung: Eph 4,17.20–24

Brüder und Schwestern!
Ich sage es euch und beschwöre euch im Herrn: Lebt nicht mehr wie die Heiden in ihrem nichtigen Denken! Das entspricht nicht dem, was ihr von Christus gelernt habt. Ihr habt doch von ihm gehört und seid unterrichtet worden in der Wahrheit, die Jesus ist. Legt den alten Menschen ab, der in Verblendung und Begierde zugrunde geht, ändert euer früheres Leben, und erneuert euren Geist und Sinn! Zieht den neuen Menschen an, der nach dem Bild Gottes geschaffen ist in wahrer Gerechtigkeit und Heiligkeit.

❒ Evangelium: Joh 6,24–35

In jener Zeit, als die Leute sahen, daß weder Jesus noch seine Jünger am Ufer des Sees waren, stiegen sie in die Boote, fuhren nach Kafárnaum und suchten Jesus. Als sie ihn am anderen Ufer des Sees fanden, fragten sie ihn: Rabbi, wann bist du hierher gekommen? Jesus antwortete ihnen: Amen, amen, ich sage euch: Ihr sucht mich nicht, weil ihr Zeichen gesehen habt, sondern weil ihr von den Broten gegessen habt und satt geworden seid. Müht euch nicht ab für die Speise, die verdirbt, sondern für die Speise, die für das ewige Leben bleibt und die der Menschensohn euch geben wird. Denn ihn hat Gott, der Vater, mit seinem Siegel beglaubigt. Da fragten sie ihn: Was müssen wir tun, um die Werke Gottes zu vollbringen? Jesus antwortete ihnen: Das ist das Werk Gottes, daß ihr an den glaubt, den er gesandt hat. Sie entgegneten ihm: Welches Zeichen tust du, damit wir es sehen und dir glauben? Was tust du? Unsere Väter haben das Manna in der Wüste gegessen, wie es in der Schrift heißt: Brot vom Himmel gab er ihnen zu essen.

Jesus sagte zu ihnen: Amen, amen, ich sage euch: Nicht Mose hat euch das Brot vom Himmel gegeben, sondern mein Vater gibt euch das wahre Brot vom Himmel. Denn das Brot, das Gott gibt, kommt vom Himmel herab und gibt der Welt das Leben. Da baten sie ihn: Herr, gib uns immer dieses Brot! Jesus antwortete ihnen: Ich bin das Brot des Lebens; wer zu mir kommt, wird nie mehr hungern, und wer an mich glaubt, wird nie mehr Durst haben.

❐ Impuls zum Evangelium

Christen sollen – so die zweite Lesung – „neue Menschen" werden. Es genügt nicht, der alte zu bleiben und humane Ideen als „Christentum" zu bezeichnen. Es genügt nicht, ein wenig von seinem Reichtum abzugeben und ab und zu in die Kirche zu gehen. Christsein heißt, sein Leben von einer anderen, neuen Wirklichkeit, eben von dem lebendigen Christus selbst, bestimmen zu lassen.

Als die Israeliten anfänglich in der Wüste hungern mußten – so die erste Lesung –, gab Gott ihnen Manna zur Speise. Dies war ein Erweis seiner Liebe – trotz des Unglaubens und der Lebensangst, mit denen sie ihm begegneten. Jesus nun bietet sich gar zur Stillung des grundsätzlichen Lebenshungers an; dabei macht er deutlich: Wer mir wirklich nachfolgen will, der muß ganz eins werden mit mir. Diese Einswerdung, dieses Verschmelzen des eigenen Willens mit dem Willen Jesu, faßt er in das Wort: „Ich bin das Brot des Lebens". Jede andere Lebensgrundlage bleibt im letzten trügerisch – und auch Sättigung durch gewöhnliches Brot wird wieder Hunger nach sich ziehen. In vollkommener Hingabe des Lebens an Christus wird der Mensch verwandelt und braucht keine Lebensangst mehr zu haben. Auch keine Todesangst, denn hinter dem irdischen Leben Jesu steht die Auferstehung.

❐ Fürbitten

Herr Jesus Christus, du bist das lebendige Brot, das vom Himmel gekommen ist. Ohne deine Hilfe vermögen wir nichts. Deshalb bitten wir:

• Schenke allen Menschen, die nach einem Lebenssinn hungern, deine lebendige Gegenwart.

• Sei bei den Notleidenden und Bedürftigen, und schenke ihnen Menschen, die ihnen helfen, ihre Not zu lindern.

• Laß die Reichen und Satten erkennen, daß sie ohne dich nicht glücklich werden können.

• Steh den Sterbenden mit deiner Hilfe bei, und nimm die Verstorbenen in dein Reich auf.

Denn du selber bist unser tägliches Brot, dir danken wir in alle Ewigkeit. Amen.

❏ Meditation zur Kommunion

Ich danke dir, daß du mir so nahe bist; aus deiner Kraft kann ich leben.
Ich danke dir, daß du mir Nahrung sein willst; mach mich offen für dich.
Ich danke dir, daß du mein Leben erneuerst; mach es fruchtbar für alle.

Norbert Keil

Die innere Wandlung vollziehen
19. Sonntag im Jahreskreis

Wenn Jesus im Evangelium heute von seinem Leib und seinem Blut redet, ist damit sein Leben gemeint, das er für die Menschen hingibt. Aus Liebe gibt Jesus seine Körperlichkeit der Lieblosigkeit und dem Haß der Menschen preis.
Essen und Trinken am Tisch des Herrn sind also nicht nur ein Vergleich dafür, wie wir uns Jesus öffnen, ihn aufnehmen, sondern im Teilen von Brot und Wein machen wir es wie Jesus, geben wir aus Liebe unserem Nächsten ab und lassen uns so in unserem Handeln leiten vom Leben in der neuen göttlichen Wirklichkeit, die zu feiern wir in der Eucharistie eingeladen sind.

❐ Erste Lesung: 1 Kön 19,4–8

In jenen Tagen ging Elija eine Tagereise weit in die Wüste hinein. Dort setzte er sich unter einen Ginsterstrauch und wünschte sich den Tod. Er sagte: Nun ist es genug, Herr. Nimm mein Leben; denn ich bin nicht besser als meine Väter. Dann legte er sich unter den Ginsterstrauch und schlief ein. Doch ein Engel rührte ihn an und sprach: Steh auf und iß! Als er um sich blickte, sah er neben seinem Kopf Brot, das in glühender Asche gebacken war, und einen Krug mit Wasser. Er aß und trank und legte sich wieder hin. Doch der Engel des Herrn kam zum zweitenmal, rührte ihn an und sprach: Steh auf und iß! Sonst ist der Weg zu weit für dich. Da stand er auf, aß und trank und wanderte, durch diese Speise gestärkt, vierzig Tage und vierzig Nächte bis zum Gottesberg Horeb.

☐ Zweite Lesung: Eph 4,30 – 5,2

Brüder und Schwestern!
Beleidigt nicht den Heiligen Geist Gottes, dessen Siegel ihr tragt für den Tag der Erlösung. Jede Art von Bitterkeit, Wut, Zorn, Geschrei und Lästerung und alles Böse verbannt aus eurer Mitte! Seid gütig zueinander, seid barmherzig, vergebt einander, weil auch Gott euch durch Christus vergeben hat.
Ahmt Gott nach als seine geliebten Kinder, und liebt einander, weil auch Christus uns geliebt und sich für uns hingegeben hat als Gabe und als Opfer, das Gott gefällt.

☐ Evangelium: Joh 6,41–51

In jener Zeit murrten die Juden gegen Jesus, weil er gesagt hatte: Ich bin das Brot, das vom Himmel herabgekommen ist. Und sie sagten: Ist das nicht Jesus, der Sohn Josefs, dessen Vater und Mutter wir kennen? Wie kann er jetzt sagen: Ich bin vom Himmel herabgekommen? Jesus sagte zu ihnen: Murrt nicht! Niemand kann zu mir kommen, wenn nicht der Vater, der mich gesandt hat, ihn zu mir führt; und ich werde ihn auferwecken am Letzten Tag. Bei den Propheten heißt es: Und alle werden Schüler Gottes sein. Jeder, der auf den Vater hört und seine Lehre annimmt, wird zu mir kommen. Niemand hat den Vater gesehen außer dem, der von Gott ist; nur er hat den Vater gesehen. Amen, amen, ich sage euch: Wer glaubt, hat das ewige Leben.
Ich bin das Brot des Lebens. Eure Väter haben in der Wüste das Manna gegessen und sind gestorben. So aber ist es mit dem Brot, das vom Himmel herabkommt: Wenn jemand davon ißt, wird er nicht sterben. Ich bin das lebendige Brot, das vom Himmel herabgekommen ist. Wer von diesem Brot ißt, wird in Ewigkeit leben.

Das Brot, das ich geben werde, ist mein Fleisch, ich gebe es hin für das Leben der Welt.

❐ Impuls zum Evangelium

„Das ist mein Leib, das ist mein Blut"
Ehrlich gesagt: Wer von uns hat nicht schon einmal am Sakrament der Eucharistie gezweifelt oder diesbezüglich zumindest nach irgendwelchen Beweisen gesucht? Dabei kann hier nichts bewiesen werden. So wie mit der Naturwissenschaft allein die Wirklichkeit unserer Welt noch längst nicht erfaßt oder erklärt ist. Ganz im Gegenteil – alle entscheidenden Erfahrungen des Menschen, wie Vertrauen, Liebe oder Gemeinschaft, können weder gemessen noch gezählt werden. Erst wenn wir die Erfahrung unseres eigenen Lebens ernst nehmen, wenn wir einmal bewußt darauf achten, was in unserem Leben wirklich wichtig ist, dann haben wir uns dem eigentlichen Geschehen der Eucharistie genähert. Denn gerade die Eucharistie bezeichnet ja eine neue Beziehungswirklichkeit: In und unter den Zeichen von Brot und Wein wird und ist Jesus ganz gegenwärtig. Entscheidend ist nicht die äußere Wandlung von Brot und Wein, sondern die innere Wandlung. Die Augen der Vernunft sehen immer noch Brot und Wein, die Augen des Glaubens und des Herzens dagegen entdecken in diesen Gaben des Leibes und Blutes Christi seine leibhaftige Zusage, für die Menschen und die Welt beim Vater dazusein und in Liebe einzutreten.
Im Glauben also und nicht mit der Vernunft finden wir einen Zugang zum Geheimnis Jesu und zum Geheimnis der Eucharistie. Oder anders gesagt: Wenn wir uns für die Geheimnisse dieser Welt öffnen, wenn wir auf die tatsächlich wichtigen Erfahrungen unseres Lebens achtgeben, wenn wir den Mut haben zu glauben, dann eröff-

net sich uns die Wirklichkeit Gottes, und dann beginnen wir zu begreifen: Ein Stück Brot kann tatsächlich das Leben, ein Schluck Wein wirklich der Himmel sein.

❐ Fürbitten

Gott ist in Christus das lebendige, das wahre Brot unseres Lebens. Deshalb bitten wir:

- Auf der einen Seite gibt es eine Überfülle an Lebensmitteln, auf der anderen Seite müssen Menschen hungern und verhungern: Zeige uns Wege zu einer gerechten Verteilung der Güter dieser Erde!

- Oft gehen wir achtlos mit dem täglichen Brot um: Laß uns dankbar sein für jedes Stück Brot, das wir in den Händen halten!

- Die sonntägliche Messe, der Empfang der Kommunion – das wird leicht zur bloßen Routine: Schenk uns Ehrfurcht vor dem Sakrament der Eucharistie, und laß uns immer wieder darüber staunen, daß du ein menschlicher und naher Gott bist!

Gott, wer vom Brot des Lebens ißt, wird den Tod überwinden. In dieser Hoffnung feiern wir Eucharistie und sagen dir Dank durch Christus, unseren Herrn und Bruder. Amen.

❐ Meditation zur Kommunion

Ein Stück Brot
in meiner Hand,
mir gegeben:
daß ich lebe,

daß ich liebe,
daß ich Speise bin
für die andern.

Ein Schluck Wein
in meinem Mund,
mir gegeben:
daß ich lebe,
daß ich liebe,
daß ich Trank bin
für die andern.

aus: Lothar Zenetti, Texte der Zuversicht, [6]1987. © beim Verfasser.

Norbert Keil

Kein Partyhäppchen

20. Sonntag im Jahreskreis

Gott, unser Vater/unsere Mutter im Himmel, lädt uns auch an diesem Sonntag wieder in sein Haus ein, um uns das Brot vom Himmel, das Brot des Lebens, zu schenken. Ja: Haus, Brot, Leben sind Worte, die uns Geborgenheit vermitteln.

Und so kommen wir zur Eucharistiefeier zusammen, um Gott immer wieder neu Dank zu sagen. Dabei bringen wir uns mit, jeder und jede von uns sich selbst und so manche Sorgen, Anliegen und Nöte des Lebens. Gott aber schaut uns an und will uns – so wie wir sind – aufnehmen und annehmen. Zu Beginn des Gottesdienstes öffnen wir deshalb unsere Herzen für ihn, den Liebhaber allen Lebens, und bitten ihn um Vergebung, damit er uns erfüllen kann mit seiner Gnade und Liebe, die keine Grenzen kennt.

❐ **Erste Lesung: Spr 9,1–6**

Die Weisheit hat ihr Haus gebaut, / ihre sieben Säulen behauen.

Sie hat ihr Vieh geschlachtet, ihren Wein gemischt / und schon ihren Tisch gedeckt.

Sie hat ihre Mägde ausgesandt / und lädt ein auf der Höhe der Stadtburg:

Wer unerfahren ist, kehre hier ein. / Zum Unwissenden sagt sie:

Kommt, eßt von meinem Mahl, / und trinkt vom Wein, den ich mischte.

Laßt ab von der Torheit, dann bleibt ihr am Leben, / und geht auf dem Weg der Einsicht!

❐ Zweite Lesung: Eph 5,15–20

Brüder und Schwestern!
Achtet sorgfältig darauf, wie ihr euer Leben führt, nicht
töricht, sondern klug. Nutzt die Zeit; denn diese Tage
sind böse. Darum seid nicht unverständig, sondern begreift, was der Wille des Herrn ist. Berauscht euch nicht
mit Wein – das macht zügellos –, sondern laßt euch vom
Geist erfüllen! Laßt in eurer Mitte Psalmen, Hymnen
und Lieder erklingen, wie der Geist sie eingibt. Singt
und jubelt aus vollem Herzen zum Lob des Herrn! Sagt
Gott, dem Vater, jederzeit Dank für alles im Namen Jesu
Christi, unseres Herrn!

❐ Evangelium: Joh 6,51–58

In jener Zeit sprach Jesus zu der Menge: Ich bin das
lebendige Brot, das vom Himmel herabgekommen ist.
Wer von diesem Brot ißt, wird in Ewigkeit leben. Das
Brot, das ich geben werde, ist mein Fleisch, ich gebe es
hin für das Leben der Welt.
Da stritten sich die Juden und sagten: Wie kann er uns
sein Fleisch zu essen geben? Jesus sagte zu ihnen:
Amen, amen, das sage ich euch: Wenn ihr das Fleisch
des Menschensohnes nicht eßt und sein Blut nicht trinkt,
habt ihr das Leben nicht in euch. Wer mein Fleisch ißt
und mein Blut trinkt, hat das ewige Leben, und ich werde ihn auferwecken am Letzten Tag. Denn mein Fleisch
ist wirklich eine Speise, und mein Blut ist wirklich ein
Trank. Wer mein Fleisch ißt und mein Blut trinkt, der
bleibt in mir, und ich bleibe in ihm. Wie mich der lebendige Vater gesandt hat und wie ich durch den Vater lebe,
so wird jeder, der mich ißt, durch mich leben. Dies ist
das Brot, das vom Himmel herabgekommen ist. Mit ihm
ist es nicht wie mit dem Brot, das die Väter gegessen

haben; sie sind gestorben. Wer aber dieses Brot ißt, wird leben in Ewigkeit.

❐ Impuls zum Evangelium

„Brot vom Himmel – Brot gegen den Tod"
Heute hören wir das Wort Jesu: „Ich bin das lebendige Brot, das vom Himmel herabgekommen ist." Und was ist mit Brot für die Erde, dem Brot, das den Magen füllt und satt macht? Brot vom Himmel – ein Mißverständnis also? Nein! Das Brot, das Jesus verheißt, ist sein Fleisch und Blut. Mit diesem Bild meint Jesus sich selbst: Ich bin die leibhaftige Gabe an euch, die ihr annehmen, die ihr in euch aufnehmen müßt, wenn ihr das wirkliche Leben, das Leben in Fülle, finden wollt. Keine theologische Theorie oder philosophische Lehre bietet uns Jesus da an, sondern eine Einladung! Wenn ihr euch einlaßt auf diese Beziehung – so will er sagen –, wenn ihr bereit seid, euch mit mir zu verbinden, wie es enger nicht mehr geht, dann lebt ihr in mir, und ich lebe in euch.

So in Verbindung mit Jesus zu leben, gleichsam aus ihm und in ihm, das nennt die Bibel „Glaube". Es ist ein Glaube, der den ganzen Menschen erfaßt: nicht nur eine Sache des Kopfes, sondern des Herzens, der Lebensmitte. Wer glaubt, läßt sich ganz, mit Fleisch und Blut, mit Haut und Haar, auf den Menschensohn Jesus ein, wie auch Jesus sich ganz einbringt in diese Beziehung, die stärker ist als der Tod.

Doch wer immer sich auf diesen Weg des Glaubens begibt, der braucht Geduld und einen langen Atem. Denn das Brot des Lebens ist kein Partyhäppchen! Zeitlebens werden wir es kauen müssen, werden wir uns ihm öffnen müssen. Allmählich jedoch wird so seine Kraft, der Geist Jesu, uns durchdringen, wird sein Leben ein Teil unseres Lebens werden, wird es uns in Fleisch und Blut übergehen. Und wir werden keine Angst mehr haben müssen vor den vielfältigen Todesmächten in uns und um uns herum. Denn was wir in Jesus finden, ist das Brot gegen den Tod.

❐ Fürbitten

Gott, als „Freund des Lebens" hast du dich gezeigt in der Geschichte deines Volkes Israel. Deshalb kommen wir zu dir mit unseren Bitten:

- Laß uns entdecken, daß die Liebe im Leben mehr zählt als alles andere und daß die Verbindung mit dir ein erfülltes Leben schenken kann.

- Laß die Christen und die Kirchen glaubwürdig deine Nähe sichtbar machen und etwas ausstrahlen von deinem Geist.

- Laß alle, die unter der Last des Lebens leiden, Kraft und neue Hoffnung finden, und mache uns solidarisch mit ihnen.

- Laß all unsere Verstorbenen eingehen in das unvergängliche Leben bei dir.

Darum bitten wir dich im Namen Jesu, der sich mit Leib und Blut hingegeben hat für uns. Ja, sei uns nahe Tag für Tag, und begleite unsere Wege. Amen.

❐ Meditation zur Kommunion

Du Brot gegen den Tod. Wir essen dich, wir sterben nicht. Wir leben.

Du Brot gegen den Haß. Wir teilen dich, wir streiten nicht. Wir lieben.

Du Brot gegen den Stolz. Wir nehmen dich, wir höhnen nicht. Wir dienen.

Du Brot gegen den Neid. Wir speisen dich, wir gieren nicht. Wir lassen.

Du Brot gegen die Angst. Wir kosten dich, wir fürchten nicht. Wir hoffen.

Du Brot gegen das Leid. Wir schmecken dich, wir zagen nicht. Wir kämpfen.

Du Brot gegen das Nichts. Wir brechen dich, wir zweifeln nicht. Wir glauben.

aus: Alois Albrecht, Nicht vom Brot allein, 1978. © beim Verfasser.

Paul Imhof

Mit Gott verbunden

21. Sonntag im Jahreskreis

Schuld und Versagen sind zutiefst persönliche Dinge. Im Licht des Glaubens erkennen wir, daß Gottes Barmherzigkeit den Menschen auch noch in seiner Schuld wie ein bergender Mantel schützt. Es gehört zum Auftrag Jesu, daß in seiner Gemeinde immer wieder Vergebung von Sünde und Schuld zugesagt werden soll. Allerdings kann dann im Zwischenmenschlichen trotzdem noch manche Wiedergutmachung anstehen. Aber prinzipiell ist die Versöhnung mit Gott dadurch nicht in Frage gestellt.

❒ **Erste Lesung: Jos 24,1–2a.15–17.18b**

In jenen Tagen versammelte Jósua alle Stämme Israels in Sichem; er rief die Ältesten Israels, seine Oberhäupter, Richter und Listenführer zusammen, und sie traten vor Gott hin. Jósua sagte zum ganzen Volk:
Wenn es euch nicht gefällt, dem Herrn zu dienen, dann entscheidet euch heute, wem ihr dienen wollt: den Göttern, denen eure Väter jenseits des Stroms dienten, oder den Göttern der Amoríter, in deren Land ihr wohnt. Ich aber und mein Haus, wir wollen dem Herrn dienen.
Das Volk antwortete: Das sei uns fern, daß wir den Herrn verlassen und anderen Göttern dienen. Denn der Herr, unser Gott, war es, der uns und unsere Väter aus dem Sklavenhaus Ägypten herausgeführt hat und der vor unseren Augen alle die großen Wunder getan hat. Er hat uns beschützt auf dem ganzen Weg, den wir gegangen sind, und unter allen Völkern, durch deren Gebiet wir gezogen sind. Auch wir wollen dem Herrn dienen; denn er ist unser Gott.

❑ Zweite Lesung: Eph 5,21–32

Brüder und Schwestern!
Einer ordne sich dem andern unter in der gemeinsamen
Ehrfurcht vor Christus. Ihr Frauen, ordnet euch euren
Männern unter wie Christus, dem Herrn; denn der Mann
ist das Haupt der Frau, wie auch Christus das Haupt der
Kirche ist; er hat sie gerettet, denn sie ist sein Leib. Wie
aber die Kirche sich Christus unterordnet, sollen sich die
Frauen in allem den Männern unterordnen. Ihr Männer,
liebt eure Frauen, wie Christus die Kirche geliebt und sich
für sie hingegeben hat, um sie im Wasser und durch das
Wort rein und heilig zu machen. So will er die Kirche
herrlich vor sich erscheinen lassen, ohne Flecken, Falten
oder andere Fehler; heilig soll sie sein und makellos.
Darum sind die Männer verpflichtet, ihre Frauen so zu
lieben wie ihren eigenen Leib. Wer seine Frau liebt, liebt
sich selbst. Keiner hat je seinen eigenen Leib gehaßt, sondern er nährt und pflegt ihn, wie auch Christus die Kirche. Denn wir sind Glieder seines Leibes. Darum wird
der Mann Vater und Mutter verlassen und sich an seine
Frau binden, und die zwei werden ein Fleisch sein. Dies
ist ein tiefes Geheimnis; ich beziehe es auf Christus und
die Kirche.

❑ Evangelium: Joh 6,60–69

In jener Zeit sagten viele der Jünger Jesu, die ihm zuhörten: Was er sagt, ist unerträglich. Wer kann das an-
hören? Jesus erkannte, daß seine Jünger darüber murrten, und fragte sie: Daran nehmt ihr Anstoß? Was werdet ihr sagen, wenn ihr den Menschensohn hinaufstei-
gen seht, dorthin, wo er vorher war? Der Geist ist es,
der lebendig macht; das Fleisch nützt nichts. Die Worte,
die ich zu euch gesprochen habe, sind Geist und sind

Leben. Aber es gibt unter euch einige, die nicht glauben. Jesus wußte nämlich von Anfang an, welche es waren, die nicht glaubten, und wer ihn verraten würde. Und er sagte: Deshalb habe ich zu euch gesagt: Niemand kann zu mir kommen, wenn es ihm nicht vom Vater gegeben ist.

Daraufhin zogen sich viele Jünger zurück und wanderten nicht mehr mit ihm umher. Da fragte Jesus die Zwölf: Wollt auch ihr weggehen? Simon Petrus antwortete ihm: Herr, zu wem sollen wir gehen? Du hast Worte des ewigen Lebens. Wir sind zum Glauben gekommen und haben erkannt: Du bist der Heilige Gottes.

❒ Impuls zum Evangelium

Der Zahl Zwölf kommt ein großer Symbolwert zu. Anhand des Jahreskreises mit seinen zwölf Monaten wird offensichtlich, daß mit dieser Zahl oft deutlich gemacht werden soll: Etwas wird vollendet, und zugleich beginnt etwas Neues. Denken wir an die zwölf Apostel, von denen im heutigen Evangelium die Rede ist: Durch sie begann Jesus, die zwölf Stämme Israels, das heilige Volk Gottes, neu zu gründen. Dieser Gemeinschaft schlossen sich im Laufe der Jahrhunderte viele Menschen, ja ganze Völker, an. Der Neue Bund zwischen Gott und den Menschen gewann Gestalt.

Im Vorgang, daß die Stämme Israels zu einem gemeinsamen Volk werden, spielt der Auszug aus Ägypten eine entscheidende Rolle, auf den sich die Menge im Gespräch mit Josua besinnt. „Ägypten" steht für Versklavung und Unfreiheit. Durch einen langwierigen Prozeß glückte die Ankunft im verheißenen Land.

Wie für das befreite Israel die Zehn Gebote vom Berg Sinai, so sind für die Gemeinde Jesu die Worte der Bergpredigt *die* Weisung Gottes. Wer bereit ist, in Jesu Namen zu leben, läßt sich taufen. Dadurch tritt er in die Gemeinde derer ein, die in seinem Geiste leben wollen, er wird Glied am Leib Christi. Es braucht seine Zeit, bis man in der Öffentlichkeit bezeugen kann, daß der Glaube an Gott, an Jesus und seinen Geist neue Kraft und Mut zum Leben schenkt.

❐ **Fürbitten**

Herr, unser Gott: Du hast einst dein Volk Israel in das verheißene Land geführt. Wir bitten dich:

• Sei du mit uns, wenn wir aufbrechen wollen, um die Welt der Unfreiheit und Sünde hinter uns zu lassen.

• Wir bitten dich, daß wir frei genug sind, auch dort auszuharren, wo nach den Kriterien bloß weltlichen Denkens alles unnütz und vergeblich erscheint.

• Wir bitten dich um Zeiten der Stille und Ruhe, in denen wir unseren Alltag im Gebet vor dich bringen können.

Herr, unser Gott, du kennst unsere Not und unsere Sorgen. Stärke unsere Hoffnung auf die Nähe deines Geistes und deiner Kraft.
Darum bitten wir durch Jesus Christus, unseren Bruder und Herrn. Amen.

❐ **Meditation zur Kommunion**

Wenn wir anfangen, höflich zu sein, dem anderen seinen Platz zubilligen – daraus könnte Liebe entstehen. Nur die Liebe zum unbekannten Gott kann uns alle vereinen. Liebe ist mehr als Philosophie.

Mit Rechthaben kommen nur Aggressionen. Der Respekt vor dem Nächsten kann zur Liebe werden. Lieben wir damit auch Gott, gerade Gott?

Friedrich Weinreb, aus: Paul Imhof / Hubert Biallowons (Hg.),
Karl Rahner – Bilder eines Lebens. Verlag Herder, Freiburg 1985.

Axel Werner

Worte zum Leben

22. Sonntag im Jahreskreis

Jeden Sonntag ergeht an uns eine Einladung zum
Hören. Wir versammeln uns zum Gottesdienst, um von
Gottes großen Taten zu hören. Zu denken, wir wären beim
Hören der heiligen Worte zur Passivität verurteilt, wäre al-
lerdings ein Mißverständnis. Nach dem Hören sind wir
zum Tun aufgerufen.

Immer wieder danken wir Gott für sein menschgewordenes
Wort: Jesus Christus. Darum feiern wir Eucharistie, was
soviel heißt wie Danksagung. In dieser Feier sind wir eingeladen, mit offenen Ohren und offenen Herzen das Kommen des Herrn zu erwarten.

☐ Erste Lesung: Dtn 4,1f.6–8

Mose sprach zum Volk: Israel, höre die Gesetze und
Rechtsvorschriften, die ich euch zu halten lehre. Hört,
und ihr werdet leben, ihr werdet in das Land, das der
Herr, der Gott eurer Väter, euch gibt, hineinziehen und
es in Besitz nehmen. Ihr sollt dem Wortlaut dessen, worauf ich euch verpflichte, nichts hinzufügen und nichts
davon wegnehmen; ihr sollt auf die Gebote des Herrn,
eures Gottes, achten, auf die ich euch verpflichte.

Ihr sollt auf sie achten und sollt sie halten. Denn darin
besteht eure Weisheit und eure Bildung in den Augen
der Völker. Wenn sie dieses Gesetzeswerk kennenlernen, müssen sie sagen: In der Tat, diese große Nation ist
ein weises und gebildetes Volk. Denn welche große Nation hätte Götter, die ihr so nah sind, wie Jahwe, unser
Gott, uns nah ist, wo immer wir ihn anrufen? Oder welche große Nation besäße Gesetze und Rechtsvorschrif-

ten, die so gerecht sind wie alles in dieser Weisung, die ich euch heute vorlege?

❏ Zweite Lesung: Jak 1,17f.21b–22.27

Meine geliebten Brüder und Schwestern!
Jede gute Gabe und jedes vollkommene Geschenk kommt von oben, vom Vater der Gestirne, bei dem es keine Veränderung und keine Verfinsterung gibt. Aus freiem Willen hat er uns durch das Wort der Wahrheit geboren, damit wir gleichsam die Erstlingsfrucht seiner Schöpfung seien.
Nehmt euch das Wort zu Herzen, das in euch eingepflanzt worden ist und das die Macht hat, euch zu retten.
Hört das Wort nicht nur an, sondern handelt danach; sonst betrügt ihr euch selbst.
Ein reiner und makelloser Dienst vor Gott, dem Vater, besteht darin: für Waisen und Witwen zu sorgen, wenn sie in Not sind, und sich vor jeder Befleckung durch die Welt zu bewahren.

❏ Evangelium: Mk 7,1–8.14f.21–23

In jener Zeit hielten sich die Pharisäer und einige Schriftgelehrte, die aus Jerusalem gekommen waren, bei Jesus auf. Sie sahen, daß einige seiner Jünger ihr Brot mit unreinen, das heißt mit ungewaschenen Händen aßen. Die Pharisäer essen nämlich wie alle Juden nur, wenn sie vorher mit einer Handvoll Wasser die Hände gewaschen haben, wie es die Überlieferung der Alten vorschreibt. Auch wenn sie vom Markt kommen, essen sie nicht, ohne sich vorher zu waschen. Noch viele andere überlieferte Vorschriften halten sie ein, wie das Abspülen von Bechern, Krügen und Kesseln. Die Pharisäer und die Schriftgelehrten fragten ihn also: Warum halten sich deine Jünger nicht an die Überlieferung der Alten, sondern essen ihr Brot mit unreinen Händen? Er antwortete ihnen: Der Prophet Jesája hatte recht mit dem, was er über euch Heuchler sagte:

Dieses Volk ehrt mich mit den Lippen, / sein Herz aber ist weit weg von mir.

Es ist sinnlos, wie sie mich verehren; / was sie lehren, sind Satzungen von Menschen.

Ihr gebt Gottes Gebot preis und haltet euch an die Überlieferung der Menschen.

Dann rief Jesus die Leute wieder zu sich und sagte: Hört mir alle zu und begreift, was ich sage: Nichts, was von außen in den Menschen hineinkommt, kann ihn unrein machen, sondern was aus dem Menschen herauskommt, das macht ihn unrein.

Denn von innen, aus dem Herzen der Menschen, kommen die bösen Gedanken, Unzucht, Diebstahl, Mord, Ehebruch, Habgier, Bosheit, Hinterlist, Ausschweifung, Neid, Verleumdung, Hochmut und Unvernunft. All dieses Böse kommt von innen und macht den Menschen unrein.

❐ Impuls zum Evangelium

Wie eine Brücke verbindet das Wort „hören" die Texte des heutigen Sonntags: „Hört, und ihr werdet leben ..." (Dtn 4,1); „Hört das Wort nicht nur an, sondern handelt danach ..." (Jak 1,22); „Hört mir alle zu und begreift ..." (Mk 7,14).

Auf den ersten Blick, so meinen wir, sind Hörende zur Passivität verurteilt. Sie scheinen den Worten anderer ausgeliefert. „Hören" und „Gehorsam" sind eng miteinander verwandt. Gehorsam setzt jedoch die anerkannte Autorität eines anderen voraus. Und zugleich ist das „Hören" Fundament des Lernens. Jeder erinnert sich an

Worte seiner Eltern, Lehrer, Freunde oder des Ehepartners, die uns durch ihren Rat den richtigen Weg zeigen wollten.

Durch Gott ist uns ein Weg vorgezeichnet. Wegemarkierung und Richtungsanzeige ist sein Wort, sein Gesetz. Es geht Gott nicht darum, unser Leben durch seine Gebote einzuschränken, sondern er will uns aus der Beliebigkeit des Tuns in die wahre Freiheit der Kinder Gottes führen, denn Beliebigkeit macht abhängig von „Lust und Laune".

Die Lebensweisen, die in die Unfreiheit führen, werden vom Evangelium klar benannt. Und diese Worte haben an Gültigkeit nichts eingebüßt: Böse Gedanken, Ehebruch, Neid, Hochmut, Unvernunft und vieles andere mehr führen in die Unfreiheit, weil sie Vertrauen zerstören. Sie zerstören das Vertrauen, das Gott in uns gesetzt hat, aber auch das Vertrauen, das wir für ein gutes menschliches Miteinander brauchen.

Wer SEIN Wort hört und danach handelt, der überwindet die Beliebigkeit und gelangt in die wahre Freiheit.

Hört das Wort Gottes, und handelt auch danach, dann werdet ihr wirklich leben!

❏ Fürbitten

Gott, durch deinen Sohn hast du uns den Weg zum Leben gezeigt. Vertrauensvoll wenden wir uns mit unseren Sorgen an dich, unseren Vater:

- Laß uns dein Wort mit offenen Ohren und Herzen aufnehmen und daraus die richtigen Konsequenzen ziehen.

- Laß uns Worte des Trostes und der Hilfe für Menschen finden, die von deinem Weg abgekommen sind.

- Hilf uns weiter, wenn wir deinen Willen nicht erkennen.

Gott, dein Sohn Jesus Christus ist für uns Weg, Wahrheit und Leben. Sein Wort und Beispiel sollen uns Vorbild sein in allen Situationen unseres Lebens. Bestärke uns in seiner Nachfolge. Darum bitten wir durch ihn, unseren Herrn und Bruder. Amen.

❐ Meditation zur Kommunion

Herr, gib uns Mut zum Hören
auf das, was du uns sagst.
Wir danken dir,
daß du es mit uns wagst.

Herr, gib uns Mut zum Glauben
an dich, den einen Herrn.
Wir danken dir;
denn du bist uns nicht fern.

Gotteslob Nr. 521: T. u. M.: Kurt Rommel 1964.
© *Strube-Verlag GmbH, München-Berlin.*

Axel Werner

Hoffnungsschimmer

23. Sonntag im Jahreskreis

Einladungen können für uns zwei verschiedene Gesichter haben: Die einen sind pflichtgemäß zu absolvieren, über andere sind wir erfreut. Am Sonntag folgen wir der Einladung Gottes, um IHM und unseren Schwestern und Brüdern zu begegnen – egal, aus welchem Grund.

❐ Erste Lesung: Jes 35,4–7a

Sagt den Verzagten: / Habt Mut, fürchtet euch nicht!
Seht, hier ist euer Gott! / Die Rache Gottes wird kommen und seine Vergeltung; / er selbst wird kommen und euch erretten.
Dann werden die Augen der Blinden geöffnet, / auch die Ohren der Tauben sind wieder offen.
Dann springt der Lahme wie ein Hirsch, / die Zunge des Stummen jauchzt auf.
In der Wüste brechen Quellen hervor, / und Bäche fließen in der Steppe.
Der glühende Sand wird zum Teich / und das durstige Land zu sprudelnden Quellen.

❐ Zweite Lesung: Jak 2,1–5

Meine Brüder und Schwestern,
haltet den Glauben an unseren Herrn Jesus Christus, den Herrn der Herrlichkeit, frei von jedem Ansehen der Person. Wenn in eure Versammlung ein Mann mit goldenen Ringen und prächtiger Kleidung kommt, und zugleich kommt ein Armer in schmutziger Kleidung, und ihr blickt auf den Mann in der prächtigen Kleidung und

sagt: Setz dich hier auf den guten Platz!, und zu dem
Armen sagt ihr: Du kannst dort stehen!, oder: Setz dich
zu meinen Füßen! – macht ihr dann nicht untereinander
Unterschiede und fällt Urteile aufgrund verwerflicher
Überlegungen? Hört, meine geliebten Brüder und
Schwestern: Hat Gott nicht die Armen in der Welt aus-
erwählt, um sie durch den Glauben reich und zu Erben
des Königreichs zu machen, das er denen verheißen hat,
die ihn lieben?

❐ Evangelium: Mk 7,31–37

In jener Zeit verließ Jesus das Gebiet von Tyrus und kam
über Sidon an den See von Galiläa, mitten in das Gebiet
der Dekápolis. Da brachte man einen Taubstummen zu
Jesus und bat ihn, er möge ihn berühren. Er nahm ihn
beiseite, von der Menge weg, legte ihm die Finger in
die Ohren und berührte dann die Zunge des Mannes mit
Speichel; danach blickte er zum Himmel auf, seufzte
und sagte zu dem Taubstummen: Éffata!, das heißt: Öffne dich! Sogleich öffneten sich seine Ohren, seine Zunge wurde von ihrer Fessel befreit, und er konnte richtig
reden. Jesus verbot ihnen, jemand davon zu erzählen.
Doch je mehr er es ihnen verbot, desto mehr machten
sie es bekannt. Außer sich vor Staunen sagten sie: Er
hat alles gut gemacht; er macht, daß die Tauben hören
und die Stummen sprechen.

❐ Impuls zum Evangelium

„Es kann nur besser werden!" lautet eine Redensart. „Es
gibt ein Licht am Ende des Tunnels!" heißt es im popu-
lären Musical „Starlight Express" von Andrew Lloyd
Webber. Eine alte Erfahrung der Menschheit lautet: Wer
im Dunkeln steht, sucht das Licht.

Das Volk Israel erlebt von 587–539 vor Christus die dunkelste Epoche seiner Geschichte. Die Kriegsheere der Babylonier erobern die Stadt Jerusalem, zerstören das wichtigste Heiligtum des Judentums, den Tempel, setzen den von David abstammenden König ab und verschleppen große Teile der Bevölkerung in die Gefangenschaft nach Babylon. Der Herr entläßt sein Volk in das Dunkel des Exils!

Auch uns sind die dunklen Seiten des Lebens nicht unbekannt. Auch in der Ferienzeit holen uns diese Situationen immer wieder ein. Ich meine die Zeiten der Trauer, der Angst und des Alleinseins, die Situationen des Streits und sogar des Hasses.

Aber wo bleibt das „Licht am Ende des Tunnels"? Wo ist die Quelle in der Wüste? Die Botschaft Gottes lautet: Ich lasse euch nicht allein. Jesaja verheißt in seinem Auftrag dem gefangenem Volk die Freiheit; wenn Gott das Leben der Menschen berührt, dann verändert sich diese Welt. So wie die Berührung durch Jesus dem Taubstummen Ohren und Mund öffnet, so setzt die Hoffnung auf Rückkehr neue Kräfte im Volk Israel frei. Gott hat sie doch nicht verlassen!

Die Hoffnung auf ein „Licht am Ende die Tunnels" kann Blinden die Augen öffnen und Stummen die Zunge lösen.

Machen wir uns auf die Suche nach Propheten der Gegenwart, die uns die Lichtpunkte unseres Lebens aufzeigen, damit das Dunkel nicht die Oberhand gewinnt. Solche Lichtpunkte sind ein Neuanfang nach der Verzweiflung der Trauer oder die Versöhnung nach einem Streit.

Oft ist das Licht nicht in einem Tag zu erreichen. Aber machen wir uns auf den Weg, in die richtige Richtung. „Habt Mut, fürchtet euch nicht!" (Jes 35,4).

❑ Fürbitten

Gott, du willst für den Menschen das Heil, wir bitten dich:

- Sei den Menschen in Not und Verzweiflung nahe.

- Blicke auf die jungen Christen, die einen Weg zu dir suchen.

- Laß unsere Verstorbenen für immer bei dir eine Heimat finden.

Gott, du willst nicht den Untergang des Menschen, du willst uns den Weg zum Leben zeigen. Laß uns dein Wort verstehen und danach handeln. Amen.

❑ Meditation zur Kommunion

Komm her, freu dich mit uns, tritt ein;
denn der Herr will unter uns sein,
er will unter den Menschen sein.

Komm her, öffne dem Herrn dein Herz;
deinem Bruder öffne das Herz,
und erkenne in ihm den Herrn.

Komm her, freu dich mit uns, nimm teil,
an des Herrn Gemeinschaft nimm teil;
er will unter den Menschen sein.

Gotteslob Nr. 519: T. u. M.: Charles Heap.
© *Christophorus-Verlag, Freiburg i. Br.*

Bert Gruber

Die wahre Lebensversicherung
24. Sonntag im Jahreskreis

„Weg mit dir, Satan, geh mir aus den Augen!" Dieses
Wort Jesu an Petrus macht klar, daß jeder, auch der
Frömmste, an der Sendung Jesu irren kann. Als die Jünger von einem politischen Messias träumen, von Äm-
tern und Würden und irdischen Ehrungen, da stellt Jesus ihnen seine Wirklichkeit vor Augen: Diese Wirklichkeit führt zum Tod am Kreuz und durch diesen hindurch
zur Auferstehung. Wenn das bei Jesus so war, warum
bilden wir uns dann ein, daß es bei uns anders sein
sollte?

☐ Erste Lesung: Jes 50,5–9a

Gott, der Herr, hat mir das Ohr geöffnet. / Ich aber wehr-
te mich nicht / und wich nicht zurück.
Ich hielt meinen Rücken denen hin, / die mich schlu-
gen,
und denen, die mir den Bart ausrissen, / meine Wangen.
Mein Gesicht verbarg ich nicht / vor Schmähungen und
Speichel.
Doch Gott, der Herr, wird mir helfen; / darum werde ich
nicht in Schande enden.
Deshalb mache ich mein Gesicht hart wie einen Kiesel;
/ ich weiß, daß ich nicht in Schande gerate.
Er, der mich freispricht, ist nahe. / Wer wagt es, mit mir
zu streiten?
Laßt uns zusammen vortreten! / Wer ist mein Gegner im
Rechtsstreit? / Er trete zu mir heran.
Seht her, Gott, der Herr, wird mir helfen.

❒ Zweite Lesung: Jak 2,14–18

Meine Brüder und Schwestern, was nützt es, wenn einer sagt, er habe Glauben, aber es fehlen die Werke? Kann etwa der Glaube ihn retten? Wenn ein Bruder oder eine Schwester ohne Kleidung ist und ohne das tägliche Brot und einer von euch zu ihnen sagt: Geht in Frieden, wärmt und sättigt euch!, ihr gebt ihnen aber nicht, was sie zum Leben brauchen – was nützt das? So ist auch der Glaube für sich allein tot, wenn er nicht Werke vorzuweisen hat. Nun könnte einer sagen: Du hast Glauben, und ich kann Werke vorweisen; zeig mir deinen Glauben ohne die Werke, und ich zeige dir meinen Glauben aufgrund der Werke.

❒ Evangelium: Mk 8,27–35

In jener Zeit ging Jesus mit seinen Jüngern in die Dörfer bei Cäsaréa Philíppi. Unterwegs fragte er die Jünger: Für wen halten mich die Menschen? Sie sagten zu ihm: Einige für Johannes den Täufer, andere für Elíja, wieder andere für sonst einen von den Propheten. Da fragte er sie: Ihr aber, für wen haltet ihr mich? Simon Petrus antwortete ihm: Du bist der Messias! Doch er verbot ihnen, mit jemand über ihn zu sprechen.
Dann begann er, sie darüber zu belehren, der Menschensohn müsse vieles erleiden und von den Ältesten, den Hohenpriestern und den Schriftgelehrten verworfen werden; er werde getötet, aber nach drei Tagen werde er auferstehen. Und er redete ganz offen darüber. Da nahm ihn Petrus beiseite und machte ihm Vorwürfe. Jesus wandte sich um, sah seine Jünger an und wies Petrus mit den Worten zurecht: Weg mit dir, Satan, geh mir aus den Augen! Denn du hast nicht das im Sinn, was Gott will, sondern was die Menschen wollen.

Er rief die Volksmenge und seine Jünger zu sich und sagte: Wer mein Jünger sein will, der verleugne sich selbst, nehme sein Kreuz auf sich und folge mir nach. Denn wer sein Leben retten will, wird es verlieren; wer aber sein Leben um meinetwillen und um des Evangeliums willen verliert, wird es retten.

☐ Impuls zum Evangelium

Ein Mann stand an der Tür und wollte mir eine Lebensversicherung verkaufen. Als ich ihn fragte, wann sich denn die Versicherung meines Lebens auszahle, sagte er: „Wenn Sie tot sind."
Alle herkömmlichen Lebensversicherungen geben uns die Gewißheit, daß später nicht viel passieren kann. Wenn wir alt geworden sind, können wir die Lebensversicherung in Anspruch nehmen. Auf einen Schlag bekommen wir so viel Geld, daß wir nichts mehr zu fürchten haben. Die Versicherung bewahrt uns vor dem Absturz in die Armut. Dennoch: Nüchtern betrachtet bleibt festzustellen, daß die Lebensversicherung zwar finanzielle Mittel in Aussicht stellt, aber das Leben selbst ist und bleibt nicht gesichert. Einmal wird es zu Ende sein, daran ändern auch Versicherungsabschlüsse nichts.
Der Mann an der Tür allerdings machte ein ebenso ungewöhnliches wie interessantes Angebot: Seine Versicherung zahlt sich nicht in diesem Leben, sondern erst nach dem Tode aus. Der Chef der Versicherung verspricht keinen materiellen Reichtum, sondern das, was im eigentlichen Sinne in dem Wort „Lebensversicherung" steckt: Er versichert seinen Mitgliedern ein Leben ohne Ende. Wer würde mit diesem Mann an der Tür keinen Vertrag abschließen?
Dieser „Versicherungsvertreter" ist Jesus Christus, der Auferstandene, der mit seinem Tod und seiner Auferste-

hung die Grundlage für sein „Reich-Gottes-Unternehmen" geschaffen hat. Er verlangt keine finanziellen Beiträge, sondern den Glauben, daß er eine Garantie für das Weiterleben geben kann. Und wer sagt uns, daß wir nicht einem Betrüger aufsitzen? Eine große Zahl von Menschen, die bezeugen, daß er ihnen erschienen ist. Viele Christen, die bekennen, daß sie mit ihm ihr Leben gewonnen haben. In Wort und Tat sind die Menschen für diesen Glauben eingestanden. Deshalb kann jeder seine Lebensversicherung mit dem auferstandenen Christus abschließen. Die Beiträge setzen sich zusammen aus Glaube, Liebe und Nachfolge. Die Versicherungssumme ist das ewige Leben.

❐ Fürbitten

Wir beten zu Gott, unserem Vater, der uns das Leben in Fülle schenken will:

- Laß uns erkennen und anerkennen, daß deine Gedanken nicht unsere Gedanken sind, daß du größer, gütiger und menschenfreundlicher bist, als wir uns das vorstellen können.

- Lenke unser Herz und unseren Verstand auf das Lebensbeispiel Jesu, damit er uns zu dir, unserem Vater, führt.

- Schenke uns die Einsicht, daß wir Christen keinen Weg an Leid, Kreuz und Tod vorbei kennen, wohl aber durch Jesus Christus einen Weg hindurch wissen.

Um all das bitten wir durch niemand anders als durch Christus, unseren Herrn. Amen.

❏ Meditation zur Kommunion

Wer an die Auferstehung von den Toten glaubt, lebt anders. Leben und Tod bekommen ein anderes Gesicht. Nicht erst am Ende des Lebens läßt uns dieser Glaube in Gott das ewige Leben finden. Auf dem Weg zur Auferstehung sind wir schon:

- wenn wir ja zum Leben sagen, obwohl uns oft die Angst befällt,
- wenn wir uns unermüdlich aufmachen, Versöhnung und Frieden zu stiften,
- wenn wir uns im Versagen nicht selbst aufgeben, sondern unser Leben als Geschenk Gottes annehmen,
- wenn wir Glück und Freude, Erfolg und Hoffnung mit anderen teilen,
- wenn wir trotz des Todes die Hoffnung nicht aufgeben.

Herbert Heuel

Eine ungewohnte Größe

25. Sonntag im Jahreskreis

Bevor ein gläubiger Moslem in eine Moschee eintritt, wäscht er sich Hände, Füße und Gesicht. Das Weihwasser, mit dem Christen am Kircheneingang ihre Stirn benetzen, soll Leib und Seele reinigen.

Ehe wir uns von Gott einladen lassen, sein Wort zu hören und an seinem Mahl teilzuhaben, bekennen wir zusammen mit der zum Gottesdienst versammelten Gemeinde, daß wir immer wieder hinter unseren Idealen zurückbleiben, und wir bitten um Vergebung unserer Schuld.

❐ Erste Lesung: Weish 2,1a.12.17–20

Die Frevler tauschen ihre verkehrten Gedanken aus und sagen:

Laßt uns dem Gerechten auflauern! / Er ist uns unbequem und steht unserem Tun im Weg.

Er wirft uns Vergehen gegen das Gesetz vor / und beschuldigt uns des Verrats an unserer Erziehung.

Wir wollen sehen, ob seine Worte wahr sind, / und prüfen, wie es mit ihm ausgeht.

Ist der Gerechte wirklich Sohn Gottes, / dann nimmt sich Gott seiner an und entreißt ihn der Hand seiner Gegner.

Roh und grausam wollen wir mit ihm verfahren, / um seine Sanftmut kennenzulernen, / seine Geduld zu erproben.

Zu einem ehrlosen Tod wollen wir ihn verurteilen; / er behauptet ja, es werde ihm Hilfe gewährt.

☐ **Zweite Lesung: Jak 3,16 – 4,3**

Brüder und Schwestern!
Wo Eifersucht und Ehrgeiz herrschen, da gibt es Unord-
nung und böse Taten jeder Art. Doch die Weisheit von
oben ist erstens heilig, sodann friedlich, freundlich, gehorsam, voll Erbarmen und reich an guten Früchten, sie
ist unparteiisch, sie heuchelt nicht. Wo Frieden herrscht,
wird von Gott für die Menschen, die Frieden stiften, die
Saat der Gerechtigkeit ausgestreut.
Woher kommen die Kriege bei euch, woher die Streitig-
keiten? Doch nur vom Kampf der Leidenschaften in
eurem Innern. Ihr begehrt und erhaltet doch nichts. Ihr
mordet und seid eifersüchtig und könnt dennoch nichts
erreichen. Ihr streitet und führt Krieg. Ihr erhaltet nichts,
weil ihr nicht bittet. Ihr bittet und empfangt doch nichts,
weil ihr in böser Absicht bittet, um es in eurer Leiden-
schaft zu verschwenden.

☐ **Evangelium: Mk 9,30–37**

In jener Zeit zogen Jesus und seine Jünger durch Galiläa. Jesus wollte aber nicht, daß jemand davon erfuhr;
denn er wollte seine Jünger über etwas belehren. Er sagte zu ihnen: Der Menschensohn wird den Menschen ausgeliefert, und sie werden ihn töten; doch drei Tage nach
seinem Tod wird er auferstehen. Aber sie verstanden den
Sinn seiner Worte nicht, scheuten sich jedoch, ihn zu
fragen.
Sie kamen nach Kafárnaum. Als er dann im Haus war,
fragte er sie: Worüber habt ihr unterwegs gesprochen?
Sie schwiegen, denn sie hatten unterwegs miteinander
darüber gesprochen, wer von ihnen der Größte sei. Da
setzte er sich, rief die Zwölf und sagte zu ihnen: Wer
der Erste sein will, soll der Letzte von allen und der

Diener aller sein. Und er stellte ein Kind in ihre Mitte, nahm es in seine Arme und sagte zu ihnen: Wer ein solches Kind um meinetwillen aufnimmt, der nimmt mich auf; wer aber mich aufnimmt, der nimmt nicht nur mich auf, sondern den, der mich gesandt hat.

❐ Impuls zum Evangelium

Ist es unchristlich, groß sein zu wollen, das Bestmögliche aus sich herauszuholen und dabei mit Anerkennung und Ehre zu rechnen?

Ohne Ehrgeiz hätte es keinen Fortschritt in der Geschichte der Menschheit gegeben. Lob und Anerkennung waren und sind oft entscheidende Motive für außergewöhnliche Leistungen.

Im heutigen Evangelium scheuen sich die Jünger, Jesus zuzugeben, daß sie miteinander darüber diskutiert haben, wer von ihnen der Größte sei.

Jesus verurteilt allerdings nicht den Wunsch nach Größe, er läßt ihn ausdrücklich zu, aber statt die andern zu beherrschen, soll der Größte der Diener aller sein. Größe also nicht durch äußeren Glanz und Privilegien, sondern durch frei gewählten und unspektakulären Dienst zum Wohl anderer.

Jesus wird seine Lehre durch das Beispiel der Fußwaschung verdeutlichen und danach den wiederum fassungslosen Jüngern die Frage stellen: „Versteht ihr, was ich an euch getan habe?" Sie haben ihn wahrscheinlich nicht verstanden. Das Ganze erscheint zu absurd. Aber Jesus verspricht: „Selig seid ihr, wenn ihr es versteht und danach handelt!" (Joh 13,17). Er hat damit nicht nur seine Jünger gemeint.

❐ Fürbitten

Gott, deine Wege sind unerforschlich, aber wie wir selbst willst auch du unser Glück – und dies schon auf unserer Erde. Wir bitten dich:

- Schenke uns deinen Geist, damit wir begreifen, daß wahre Größe nur mit einem liebenden und dienenden Herzen zu erreichen ist.

- Gib uns den Mut, mehr sein als scheinen zu wollen.

- Schenke und bewahre uns ein kindliches Herz, damit niemand unsere Nähe zu fürchten braucht.

Weiser und menschenfreundlicher Gott, als dein Sohn uns deine Liebe begreiflich machen wollte, hat er deine Herrlichkeit verlassen und ist zum Diener aller geworden. Gib dem Wort „dienen" in unseren Köpfen und Herzen einen neuen Klang. Amen.

❐ Meditation zur Kommunion

Wir sind wißbegierig und hören doch am liebsten die Wahrheiten, die mit unseren bisherigen Vorstellungen übereinstimmen: Anerkennung und Privilegien für mich, Dienen für die andern. Was, wenn das Geheimnis des Glücks im Gegenteil verborgen ist?

Norbert Blome / Julia Kohler (Hrsg.)

Urlaub – von Gottes Wort begleitet
Texte und Impulse
Lesejahr A

96 Seiten. Paperback
ISBN 3-7666-0209-8

Verlag Butzon & Bercker · Kevelaer